JN123964

目次

執筆者一覧

第1部　本ガイドブックについて

第1章　このガイドブックの目指すこと

　このガイドブックは、皆様の自習のきっかけとなることを目指して作られました。どの科目、どのページからおこなっても大丈夫です。自分の得意と苦手を知り、学習習慣を作るきっかけとして活用してください。各章の最後には、おすすめの参考書も載っていますので、自習ガイドブック掲載の問題を解いた後に、参考書の問題を解いてみるのも良いでしょう。自習ガイドブックをきっかけとして、自習習慣をつけ、さらなる高みを目指しましょう！この自習ガイドブックを通して、身につけられる力は次の2つです。

①保育現場、教育現場で役立つ基礎的な学力が身につく！

　このガイドブックに取り組むことで、最初にできるようになることは、保育現場、教育現場で役立つ基礎的な学力を身につけることです。基礎的な学力が保育現場や教育現場でどのように役立つのでしょうか？簡単な例をあげてみましょう。まず、下の枠内の文章を読んでみてください。これは、保育現場で使われる記録の文章の一例です。

> 保育者は子どもと一諸に給食のはいぜんをする。
> 子どもは座わって持つ。座われない子どもや歩き回る子どももいる。

　漢字や送り仮名の誤りに気づきましたか？当然ながら、このように誤りのある文章では、正確に伝わらないため、訂正をおこなうことになります。記録や連絡帳など、毎日のように書く文章に毎回訂正があると、自分自身も、周りの方々も大変です。基礎的な学力は、こういった何気ない日常のなかで必ず役立ってきます。これ以外にも、下記のように何気ない保育や教育の場面で、基礎学力は常に必要になってきます（答：3頁）。

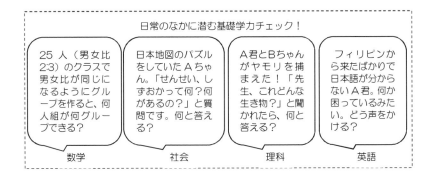

日常のなかに潜む基礎学力チェック！

数学	社会	理科	英語
25人（男女比2:3）のクラスで男女比が同じになるようにグループを作ると、何人組が何グループできる？	日本地図のパズルをしていたAちゃん。「せんせい、しずおかって何？何があるの？」と質問です。何と答える？	A君とBちゃんがヤモリを捕まえた！「先生、これどんな生き物？」と聞かれたら、何と答える？	フィリピンから来たばかりで日本語が分からないA君。何か困っているみたい。どう声をかける？

②就職採用試験に合格するための実践的な学力が身につく！

○公務員としての保育職

　保育職の公務員試験って何？という人もいるかもしれません。保育所や幼稚園には公立と私立がありますが、公務員として公立園で働く保育者となるには、各自治体でおこなわれる採用試験を受け、合格する必要があります。これが、公務員試験です。公務員試験は、教養試験、専門試験、実技試験、口述試験、論作文、面接、適性検査などがあり、自治体によってどのような試験があるかは異なります（下図参照）。

　これらの試験のうち、この自習ガイドブックは、教養試験と論作文に対応しています。下図をみても分かる通り、筆記試験の内容は、教養試験のみではなく、多くの専門科目の試験もあります。今のうちから少しずつ、教養試験で必要な学力を身につけておくと、公務員試験でも役立つはずです。また、私立園の採用試験でも、面接のみのところもあれば、教養試験、論作文、実技試験などをおこなうところもあります。希望する私立園に筆記試験があっても対応できるように、基礎学力を身につけておくことが欠かせません。

🌷保育職公務員試験の流れの一例🌷

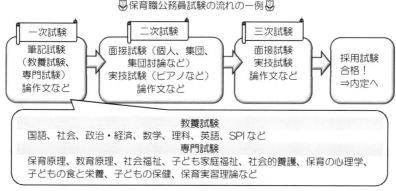

※あくまでも一例であり、自治体によって試験回数や試験順序、内容などは異なります。

○教員採用試験について

　小学校・中学校教員の採用試験では、筆記試験、論作文試験、面接試験、実技試験、適性検査がおこなわれます。筆記試験は、教養試験と専門試験に分かれています。教養試験は、教職に関する知識を問う教職教養と、一般的な知識を問う一般教養からなります。専門試験は、志望する校種・教科に関する内容の試験を受けます。

　本ガイドブックは、筆記試験の一般教養と専門試験、論作文試験に対応しています。下図をみても分かる通り、教員採用試験での受験科目は多岐にわたります。また、一次試験で筆記試験を設ける自治体がほとんどであり、一次試験を突破するためには基礎学力が欠

かせません。公務員保育職と同様に基礎的な学力を今のうちから身につけておくことが、教員採用試験の対策へとつながっていきます。

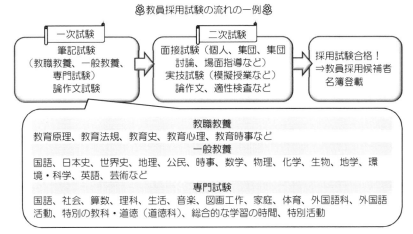

❀教員採用試験の流れの一例❀

一次試験
筆記試験
（教職教養、一般教養、専門試験）
論作文試験

二次試験
面接試験（個人、集団、集団討論、場面指導など）
実技試験（模擬授業など）
論作文、適性検査など

採用試験合格！
⇒教員採用候補者名簿登載

教職教養
教育原理、教育法規、教育史、教育心理、教育時事など
一般教養
国語、日本史、世界史、地理、公民、時事、数学、物理、化学、生物、地学、環境・科学、英語、芸術など
専門試験
国語、社会、算数、理科、生活、音楽、図画工作、家庭、体育、外国語科、外国語活動、特別の教科・道徳（道徳科）、総合的な学習の時間、特別活動

※あくまでも一例であり、自治体によって試験回数や試験順序、内容などは異なります。

　このように保育職であっても、教育職であっても、就職採用試験に合格するためには、基礎学力をつけておくことが欠かせません。また、一般企業であっても、筆記試験を課す企業がほとんどですから、基礎学力が就職の際に必要となってきます。本ガイドブックを活用しながら自習を繰り返しおこなうことで、就職採用試験合格を目指しましょう！

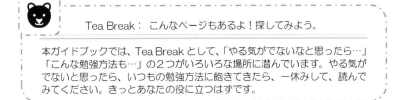

Tea Break： こんなページもあるよ！探してみよう。

　本ガイドブックでは、Tea Break として、「やる気がでないなと思ったら…」「こんな勉強方法も…」の2つがいろいろな場所に潜んでいます。やる気がでないと思ったら、いつもの勉強方法に飽きてきたら、一休みして、読んでみてください。きっとあなたの役に立つはずです。

答え【算数】5人組（2:3）を5グループ　【社会】「お茶」「みかん」「浜名湖」「温泉」どのような答えでも良いでしょう。あなたの答え次第で、子どもの世界が広がります。【理科】「爬虫類」という答え方もありますが、どこに住んでいて、何を食べるのかなど伝えられると子どもの興味が深まりますね。　【英語】「Are you OK？」「What's wrong？」「What's the matter？」など。

第2章　あなたにあった勉強法とは―自己診断テスト―

勉強のスタイルは人それぞれです。2つの診断テストを用意しましたので、自分なりの勉強スタイルを確立するための参考にしてください。

テスト1：勉強のスタイル

START

①勉強は一人でしたい。
YES→②へ
NO→③へ

②単調な作業が苦にならない。
YES→④へ
NO→⑤へ

③プレッシャーに強い。
YES→⑥へ
NO→⑧へ

④個性を大事にしたい。
YES→⑤へ
NO→⑦へ

⑤ノート作りが好き。
YES→Bタイプ
NO→⑦へ

⑥白黒はっきりさせたい。
YES→Cタイプ
NO→⑧へ

⑦文章を読むのが好き。
YES→Aタイプ
NO→Bタイプ

⑧平和主義である。
YES→Dタイプ
NO→Cタイプ

＜診断結果＞

♠　Aタイプ：文章型

　　文章で理解するのが得意なタイプ。問題集を前から順番に解く、文脈ごと覚える、自分なりのストーリーを組み立てる、声に出して読む、録音したものを移動時間に聞くなどの方法がおすすめです。☞おすすめ勉強グッズ：チェックペン

♦　Bタイプ：視覚型

　　目で見たイメージを記憶するのが得意なタイプ。頭に入れたい内容を図やイラストにする、重要箇所をカラーペンや付箋で目立たせる、目につく場所に暗記事項を書いた紙を貼るなどの方法を試してみてください。☞おすすめ勉強グッズ：カラフルな付箋

♣　Cタイプ：競争型

　　ライバルがいた方がやる気がでるタイプ。友達と点数を競う、設定目標をクリアした時用のご褒美を用意する、1ページあたりの制限時間を設けるなど、ゲーム性を持たせるとより楽しく勉強できます。☞おすすめ勉強グッズ：タイマー

♥　Dタイプ：協働型

　　誰かと一緒に取り組む方が力を出せるタイプ。友達と一緒に計画を立てる、問題を出し合う、図書館などの人がいる場所で勉強する、定期的に勉強会を開くなどすると、モチベーションが長続きします。☞おすすめ勉強グッズ：ルーズリーフ

テスト2：勉強プラン
あてはまるものに○をつけましょう。

A	
①部活やアルバイトは長続きする。	
②努力することに意味がある。	
③完璧主義者だと言われる。	
④ルールは必ず守る。	
○がついた数…	個

B	
①コストパフォーマンス重視だ。	
②気分に波がある。	
③仕事が早いと言われる。	
④バランス感覚に優れている方だ。	
○がついた数…	個

C	
①長い目でみて考える。	
②直前に慌てたくない。	
③心配性だ。	
④好きな物は最後まで取っておく。	
○がついた数…	個

D	
①本気になるまでに時間がかかる。	
②緊張感を楽しめる。	
③夜になるとテンションが上がる。	
④好きな物は最初に食べる。	
○がついた数…	個

＜診断結果＞
　　一番○が多くついたのがあなたのタイプです。同数だった人は両方みてみましょう。
　　　　Aが多かった人→コツコツタイプ　　　　Bが多かった人→メリハリタイプ
　　　　Cが多かった人→先行逃げ切りタイプ　　Dが多かった人→追い込みタイプ

♠A：コツコツタイプ
　強み：堅実で、毎日着々と進めていくのが得意。
　POINT：計画に追われてストレスをためないよう、上手に気分転換をしましょう。

◆B：メリハリタイプ
　強み：集中力のピークを見極め、自分のリズムで要領良く進められる。
　POINT：集中できる時間を増やすため、気分にあった様々なタスクを用意しましょう。

♣C：先行逃げ切りタイプ
　強み：タスクには早々に取りかかり、期限直前にはゆとりをもって過ごせる。
　POINT：力を出し惜しみせず、もう1ランク上の目標を立ててみましょう。

♥D：追い込みタイプ
　強み：期限の直前になると高い集中力を発揮する。
　POINT：小さな目標をたくさん立てて、一つずつクリアしていきましょう。

第3章　目標と計画を立てよう

この章では、現時点での自分の目標と自習計画を立てましょう。

今日の日付：　　　　年　　　　月　　　　日

就職の目標	

今年度の自習目標（次ページを参考にしながら、目標を立てましょう）

年生	

今年度の自習計画（次ページを参考にしながら、計画を立てましょう）

4月	5月	6月

7月	8月	9月

10月	11月	12月

1月	2月	3月

☆目標設定のポイント☆

　「毎日〇頁ずつ勉強する」「月〇時間勉強する」等、なるべく具体的に書くことをおすすめします。数値目標をプレッシャーに感じる場合は、「苦手を克服する」「定期的に勉強会を開く」等、心構えや手段を目標にする方法もあります。自分にあった目標を決めましょう。

☆計画作成のポイント☆

　授業課題や実習、ボランティア、アルバイトなどの時間も考えて、無理のない計画を立てましょう。自分の目標にあわせて、目標が達成できるように月ごとの計画を考えましょう。

　以下に計画例を示します。自習ガイドブックの取り組み計画を記した後、☆マークでその他の予定を記入しています。取り組み方を迷っている人は、まずはこの計画例に沿って進めてみて下さい。

4月	5月	6月
今年度の目標・計画を立てる 空きコマを確認する	空きコマ：Aさんと勉強 （〇曜〇限）国語か英語1頁 （△曜△限）数学か理科1頁 通学時間：好きな科目！ ☆大学行事あり	空きコマ：Aさんと勉強 （〇曜〇限）理科か英語1頁 （△曜△限）大学課題 通学時間：社会1頁 ☆大学課題あり
7月	**8月**	**9月**
空きコマ：Aさんと勉強 （〇曜〇限）英語1頁 （△曜△限）数学1頁 通学時間：社会1頁 ☆大学試験あり	◎8月中に終わらせること ・国語〇頁まで ・理科〇〇の単元まで ・数学〇〇の単元まで ☆長期バイトあり	◎9月中に終わらせること ・論作文を書く ・社会の復習 ・英語〇頁まで ☆大学授業始まる
10月	**11月**	**12月**
空きコマ：図書館で勉強 （〇曜〇限）英語か国語1頁 （△曜△限）大学課題 通学時間：英語1頁 ☆大学課題あり	空きコマ：図書館で勉強 （〇曜〇限）理科1頁 （△曜△限）数学1頁 通学時間：社会1頁 帰宅後1時間は勉強する！	空きコマ：図書館で勉強 （〇曜〇限）理数苦手分野 （△曜△限）大学課題 帰宅後：社会1頁 ☆大学課題あり
1月	**2月**	**3月**
◎試験に向けて苦手をつぶす 　帰宅後1時間は勉強する！ ☆大学試験、基礎学力試験	〇曜・△曜の朝は勉強時間 ・間違えていた問題を総復習する！ ☆ボランティア・実習あり	〇曜・△曜の朝は勉強時間 ・参考書に記載された問題集に挑戦する！ ☆ボランティアあり

第2部　練習問題と参考書

第1章　国語

第1節　漢字

1．1．漢字（基礎★）

問1　下線部の漢字の読みを答えなさい。

①一途な思い （　　　　）	②不朽の名作（　　　　）	③慎重な態度（　　　　）
④雑踏をぬける（　　　　）	⑤矛盾した考え（　　　　）	⑥繊細な神経（　　　　）
⑦抱負を語る（　　　　）	⑧静寂をやぶる（　　　　）	⑨微妙な問題（　　　　）
⑩由緒ある寺（　　　　）	⑪任務を遂行する（　　　　）	⑫大気の汚染（　　　　）
⑬規制の緩和（　　　　）	⑭計画を承諾する（　　　　）	⑮役員の更迭（　　　　）
⑯自分を卑下する（　　　）	⑰困難の克服（　　　　）	⑱雑草が繁茂する（　　　）

⑲機械を駆使する　（　　　　）　　⑳仏像に合掌する　（　　　　）

㉑体裁を整える　（　　　　）　　㉒雅楽を楽しむ　（　　　　）

㉓荒涼とした風景　（　　　　）　　㉔健脚を競う　（　　　　）

㉕湖沼を調査する　（　　　　）　　㉖率直な意見　（　　　　）

㉗含蓄に富む話　（　　　　）　　㉘川柳をつくる　（　　　　）

㉙漸次増加する　（　　　　）　　㉚繁華な街　（　　　　）

㉛商売が繁盛する　（　　　　）　　㉜川が蛇行する　（　　　　）

㉝手を摩擦する　（　　　　）　　㉞契約を更新する　（　　　　）

㉟書類を添付する　（　　　　）　　㊱砂上の楼閣　（　　　　）

㊲注意を喚起する　（　　　　）　　㊳荒地を開墾する　（　　　　）

㊴資料を閲覧する　（　　　　）　　㊵噂が流布する　（　　　　）

解答

問1　①いちず　②ふきゅう　③しんちょう　④ざっとう　⑤むじゅん　⑥せんさい　⑦ほうふ
　　⑧せいじゃく　⑨びみょう　⑩ゆいしょ　⑪すいこう　⑫おせん　⑬かんわ　⑭しょうだく
　　⑮こうてつ　⑯ひげ　⑰こくふく　⑱はんも　⑲くし　⑳がっしょう　㉑ていさい　㉒ががく
　　㉓こうりょう　㉔けんきゃく　㉕こしょう　㉖そっちょく　㉗がんちく　㉘せんりゅう
　　㉙ぜんじ　㉚はんか　㉛はんじょう　㉜だこう　㉝まさつ　㉞こうしん　㉟てんぷ　㊱ろうかく
　　㊲かんき　㊳かいこん　㊴えつらん　㊵るふ

9

問2 下線部のカタカナを漢字（と送り仮名）に直しなさい。

① 椅子に<u>スワル</u>　（　　　　）　② 水を<u>ソソグ</u>　（　　　　）

③ 計画を<u>ミトメル</u>　（　　　　）　④ うさぎが<u>ハネル</u>（　　　　）

⑤ 足が<u>フルエル</u>　（　　　　）　⑥ 志を<u>ツラヌク</u>　（　　　　）

⑦ 体力が<u>オトロエル</u>（　　　　）　⑧ 神に<u>チカウ</u>　（　　　　）

⑨ 気持ちが<u>ヤワラグ</u>（　　　　）　⑩ 事が<u>トドコオル</u>（　　　　）

⑪ 朝日を<u>オガム</u>　（　　　　）　⑫ 会員を<u>ツノル</u>　（　　　　）

⑬ 仕事を<u>マカセル</u>　（　　　　）　⑭ 作戦を<u>ネル</u>　（　　　　）

⑮ 罪を<u>オカス</u>　（　　　　）　⑯ 畑を<u>タガヤス</u>　（　　　　）

⑰ 紙袋を<u>ヒロウ</u>　（　　　　）　⑱ 朝が<u>イソガシイ</u>（　　　　）

⑲ 最後まで<u>ネバル</u>　（　　　　）　⑳ 人を<u>アザムク</u>　（　　　　）

㉑ 危機に<u>オチイル</u>　（　　　　）　㉒ 事を<u>クワダテル</u>（　　　　）

㉓ 校風を<u>ケガス</u>　（　　　　）　㉔ 赤味を<u>オビル</u>　（　　　　）

㉕ 準備を<u>トトノエル</u>（　　　　）　㉖ 金品を<u>ホドコス</u>（　　　　）

㉗ 危険に<u>ノゾム</u>　（　　　　）　㉘ 弟を<u>ナグサメル</u>（　　　　）

㉙ 参加を<u>コバム</u>　（　　　　）　㉚ 花が<u>クチル</u>　（　　　　）

㉛ 失敗を<u>ナゲク</u>　（　　　　）　㉜ 祖先を<u>ウヤマウ</u>（　　　　）

㉝ お経を<u>トナエル</u>　（　　　　）　㉞ 迷い犬を<u>サガス</u>（　　　　）

㉟ 花束の<u>ゾウテイ</u>　（　　　　）　㊱ 空気の<u>カンソウ</u>（　　　　）

㊲ 古典に<u>シタシム</u>（　　　　）　㊳ 作品を<u>モホウスル</u>（　　　　）

㊴ 危険を<u>カイヒスル</u>（　　　　）　㊵ 部長に<u>オス</u>　（　　　　）

解答

問2　①座る　②注ぐ　③認める　④跳ねる　⑤震える　⑥貫く　⑦衰える　⑧誓う　⑨和らぐ　⑩滞る　⑪拝む　⑫募る　⑬任せる　⑭練る　⑮犯す　⑯耕す　⑰拾う　⑱忙しい　⑲粘る　⑳欺く　㉑陥る　㉒企てる　㉓汚す　㉔帯びる　㉕整える　㉖施す　㉗臨む　㉘慰める　㉙拒む　㉚朽ちる　㉛嘆く　㉜敬う　㉝唱える　㉞捜す　㉟贈呈　㊱乾燥　㊲親しむ　㊳模倣する　㊴回避する　㊵推す

10

1．2．漢字（実践★★）

問1 下線部の漢字の読みを答えなさい。

① 嗚咽する （　　　　　） ② 吟味する （　　　　　）

③ 驚嘆する （　　　　　） ④ 遊説する （　　　　　）

⑤ 罷免する （　　　　　） ⑥ 排斥する （　　　　　）

⑦ 会釈する （　　　　　） ⑧ 精進する （　　　　　）

⑨ 凝る （　　　　　） ⑩ 麗しい （　　　　　）

⑪ 憤る （　　　　　） ⑫ 煩わす （　　　　　）

⑬ 紛れる （　　　　　） ⑭ 隔てる （　　　　　）

⑮ 促す （　　　　　） ⑯ 滞る （　　　　　）

⑰ 施す （　　　　　） ⑱ 携える （　　　　　）

⑲ 催す （　　　　　） ⑳ 償う （　　　　　）

問2 下線部のカタカナを漢字（と送り仮名）に直しなさい。

① 知恵をサズケル （　　　　） ② 名前をイツワル （　　　　）

③ 災難をマヌガレル（　　　　） ④ 教えにソムク （　　　　）

⑤ 荷物をアズケル （　　　　） ⑥ 時間をツイヤス （　　　　）

⑦ ポスターをスル （　　　　） ⑧ 調査団をハケンする（　　　　）

⑨ 責任をテンカする（　　　　） ⑩ 証人をカンモンする（　　　　）

⑪ ジュンスイな人 （　　　　） ⑫ ダラクした生活 （　　　　）

⑬ ビミョウな関係 （　　　　） ⑭ ケイソツな行動 （　　　　）

⑮ 工事のケッカン （　　　　） ⑯ オンコウな性格 （　　　　）

⑰ ゴカイを解く （　　　　） ⑱ 会合にカンユウする（　　　　）

⑲ コウセキを讃える（　　　　） ⑳ ケッパクを証明する（　　　　）

解答

問1 ①おえつ ②ぎんみ ③きょうたん ④ゆうぜい ⑤ひめん ⑥はいせき ⑦えしゃく
⑧しょうじん ⑨こ ⑩うるわ ⑪いきどお ⑫わずら ⑬まぎ ⑭へだ ⑮うなが
⑯とどこお ⑰ほどこ ⑱たずさ ⑲もよお ⑳つぐな

問2 ①授ける ②偽る ③免れる ④背く ⑤預ける ⑥費やす ⑦刷る ⑧派遣 ⑨転嫁 ⑩喚問
⑪純粋 ⑫堕落 ⑬微妙 ⑭軽率 ⑮欠陥 ⑯温厚 ⑰誤解 ⑱勧誘 ⑲功績 ⑳潔白

11

問3　次の熟字訓（1）の読みを答えなさい。

①仲人（　　　　）　②息吹（　　　　）　③時雨（　　　　）　④雪崩（　　　　）

⑤祝詞（　　　　）　⑥神楽（　　　　）　⑦数珠（　　　　）　⑧稚児（　　　　）

⑨蚊帳（　　　　）　⑩玄人（　　　　）　⑪読経（　　　　）　⑫投網（　　　　）

⑬寄席（　　　　）　⑭山車（　　　　）　⑮浴衣（　　　　）　⑯築山（　　　　）

⑰河岸（　　　　）　⑱日和（　　　　）　⑲雑魚（　　　　）　⑳猛者（　　　　）

問4　次の熟字訓（2）の読みを答えなさい。

①五月雨（　　　　）　②二十歳（　　　　）　③八百屋（　　　　）

④波止場（　　　　）　⑤数寄屋（　　　　）　⑥伝馬船（　　　　）

⑦三味線（　　　　）　⑧早乙女（　　　　）　⑨八百長（　　　　）

⑩二十日（　　　　）　⑪意気地（　　　　）　⑫最寄り（　　　　）

⑬一言居士（　　　　）　⑭十重二十重（　　　　）

⑮五月晴れ（　　　　）　⑯真っ赤（　　　　）

⑰お神酒（　　　　）　⑱立ち退く（　　　　）

⑲伯父伯母（　　　　）　⑳差し支える（　　　　）

解答

問3　①なこうど　②いぶき　③しぐれ　④なだれ　⑤のりと　⑥かぐら　⑦じゅず　⑧ちご　⑨かや
⑩くろうと　⑪どきょう（・どくきょう・どっきょう）　⑫とあみ　⑬よせ　⑭だし　⑮ゆかた
⑯つきやま　⑰かし　⑱ひより　⑲ざこ　⑳もさ

問4　①さみだれ　②はたち　③やおや　④はとば　⑤すきや　⑥てんません　⑦しゃみせん
⑧さおとめ　⑨やおちょう　⑩はつか　⑪いくじ　⑫もより　⑬いちげんこじ　⑭とえはたえ
⑮さつきばれ　⑯まっか　⑰おみき　⑱たちのく　⑲おじおば　⑳さしつかえる

Tea Break：こんな勉強方法も…

【視覚に訴える方法編】イラストにする

ずっと文字を読んでいるのは苦痛だと感じる人は、覚えたい内容から連想したイラストを描いて、イラストと一緒に記憶を定着させましょう。ポイントは、イラストを描きながら、覚えたい内容を頭の中で繰り返すこと。絵を描くことに夢中になりすぎないよう注意。

問5　次の漢字の部首の名称を答えなさい。

①補（　　　　　）　②猛（　　　　　）　③記（　　　　　）

④払（　　　　　）　⑤神（　　　　　）　⑥織（　　　　　）

⑦頂（　　　　　）　⑧性（　　　　　）　⑨秋（　　　　　）

⑩階（　　　　　）　⑪冠（　　　　　）　⑫家（　　　　　）

⑬国（　　　　　）　⑭開（　　　　　）　⑮原（　　　　　）

⑯机（　　　　　）　⑰刊（　　　　　）　⑱進（　　　　　）

⑲熟（　　　　　）　⑳建（　　　　　）

解答

問5　①ころもへん　②けものへん　③ごんべん　④てへん　⑤しめすへん　⑥いとへん　⑦おおがい
　　　⑧りっしんべん　⑨のぎへん　⑩こざとへん　⑪わかんむり　⑫うかんむり　⑬くにがまえ
　　　⑭もんがまえ　⑮がんだれ　⑯きへん　⑰りっとう　⑱しんにょう（しんにゅう）
　　　⑲れんが（れっか）　⑳えんにょう（いんにょう）

【コラム】漢字の読み

<原則>
　　二字の熟語である場合は音読み、一字の語は訓読みにする。

　　　音　＋　音　（音読み）　学校（がっこう）、教育（きょういく）、説明（せつめい）

<例外>
　　熟語で訓で読む、音と訓を合わせて読むものがある。

　　　訓　＋　訓　（訓読み）　昔話（むかしばなし）、青空（あおぞら）
　　　　　　　　　　　　　　　山川（やまかわ）、花園（はなぞの）

　　　音　＋　訓　（重箱読み）　味方（ミかた）、本箱（ホンばこ）、毎朝（マイあさ）
　　　　　　　　　　　　　　　　役場（ヤクば）、楽屋（ガクや）、素顔（スがお）

　　　訓　＋　音　（湯桶読み）　店番（みせバン）、手本（てホン）、荷物（にモツ）
　　　　　　　　　　　　　　　　合図（あいズ）、湯気（ゆゲ）、消印（けしイン）

2．1．語彙・語句（基礎★）

問1　次の語句の対義語を答えなさい。

①赤字　⇔　（　　　　）　②原告　⇔　（　　　　）　③偉人　⇔　（　　　　）

④供給　⇔　（　　　　）　⑤拡大　⇔　（　　　　）　⑥韻文　⇔　（　　　　）

⑦絶対　⇔　（　　　　）　⑧悲観　⇔　（　　　　）　⑨原因　⇔　（　　　　）

⑩現実　⇔　（　　　　）　⑪肯定　⇔　（　　　　）　⑫人工　⇔　（　　　　）

⑬進化　⇔　（　　　　）　⑭熟練　⇔　（　　　　）　⑮義務　⇔　（　　　　）

⑯差別　⇔　（　　　　）　⑰分析　⇔　（　　　　）　⑱支出　⇔　（　　　　）

⑲減少　⇔　（　　　　）　⑳洋風　⇔　（　　　　）　㉑単純　⇔　（　　　　）

㉒全体　⇔　（　　　　）　㉓保守　⇔　（　　　　）　㉔固定　⇔　（　　　　）

㉕攻撃　⇔　（　　　　）　㉖安全　⇔　（　　　　）　㉗野党　⇔　（　　　　）

㉘後退　⇔　（　　　　）　㉙解散　⇔　（　　　　）　㉚延長　⇔　（　　　　）

㉛許可　⇔　（　　　　）　㉜軽率　⇔　（　　　　）　㉝建設　⇔　（　　　　）

㉞損害　⇔　（　　　　）　㉟消費　⇔　（　　　　）　㊱実践　⇔　（　　　　）

㊲統一　⇔　（　　　　）　㊳具体　⇔　（　　　　）　㊴往信　⇔　（　　　　）

㊵客観　⇔　（　　　　）　㊶偶然　⇔　（　　　　）　㊷一般　⇔　（　　　　）

解答

問1　①黒字　②被告　③凡人　④需要　⑤縮小　⑥散文　⑦相対　⑧楽観　⑨結果　⑩理想　⑪否定
⑫自然　⑬退化　⑭未熟　⑮権利　⑯平等　⑰総合　⑱収入　⑲増加　⑳和風　㉑複雑　㉒部分
㉓革新　㉔流動　㉕守備　㉖危険　㉗与党　㉘前進　㉙集合　㉚短縮　㉛禁止　㉜慎重　㉝破壊
㉞利益　㉟生産　㊱理論　㊲分裂　㊳抽象　㊴返信　㊵主観　㊶必然　㊷特殊

【コラム】言葉の由来1

『弘法にも筆の誤り』
　　弘法大師は書道の名人だが、唐から帰朝した時、勅命によって皇居の諸門の額を書くことになった。書き終わってみて、応天門の額の一字の点を書き忘れているのに気付き、地上から、すでに掲げられた額に筆を投げつけて、正しい字にしたという。
　　『今昔物語集』巻11に弘法大師の逸話としてみえる。

問2 次の下線部の同音異義語を答えなさい。

①電話で用件を話す
（　　　　　）を満たす

②地震を予知する
疑う（　　　　　）がない

③夜道を街灯が照らす
それに（　　　　　）する
（　　　　　）で演説する

④意向を伝える
（　　　　　）を発掘する
（　　　　　）を冊子にまとめる

⑤母親を対象にした雑誌
比較（　　　　　）する
左右（　　　　　）の図形

⑥真理を追究する
理想を（　　　　　）する
責任を（　　　　　）する

⑦正しい解答を記入する
アンケートに（　　　　　）する
食品を（　　　　　）する

⑧不審な点
人間（　　　　　）になる
経営（　　　　　）に陥る

⑨博士の講演を聞く
演劇の（　　　　　）を見る
彼を（　　　　　）する

⑩会は予定通り進行した
仏教を（　　　　　）する
スポーツの（　　　　　）

問3 次の四字熟語を完成させなさい。

①空前（　　）後　②優柔不（　　）　③（　　）方美人　④呉越（　　）舟

⑤七（　　）八起　⑥付和雷（　　）　⑦事実無（　　）　⑧以心（　　）心

⑨老（　　）男女　⑩危機一（　　）　⑪花鳥（　　）月　⑫異口同（　　）

⑬天変（　　）異　⑭悪事（　　）里　⑮前（　　）未聞　⑯有名（　　）実

⑰二（　　）三文　⑱東奔西（　　）　⑲五（　　）霧中　⑳温故（　　）新

㉑縦横（　　）尽　㉒心機（　　）転　㉓（　　）刀直入　㉔日進（　　）歩

㉕馬耳（　　）風　㉖我（　　）引水　㉗一（　　）千秋　㉘自（　　）自得

㉙徹頭徹（　　）　㉚四面楚（　　）　㉛竜（　　）蛇尾　㉜試行（　　）誤

㉝千載（　　）遇　㉞勧（　　）懲悪　㉟起死（　　）生　㊱意味深（　　）

㊲因果（　　）報　㊳疑（　　）暗鬼　㊴（　　）婚葬祭　㊵言語（　　）断

15

問4　次の下線部の同訓異義語を答えなさい。

①答えを<u>誤る</u>
　無礼を（　　　）る

②言葉に<u>表す</u>
　姿を（　　　）す

③井戸を<u>掘る</u>
　仏像を（　　　）る

④波が<u>荒い</u>
　きめが（　　　）い

⑤足が<u>痛む</u>
　家が（　　　）む

⑥花を<u>供える</u>
　台風に（　　　）える

⑦年が<u>明ける</u>
　家を（　　　）ける
　店を（　　　）ける

⑧顔を<u>上げる</u>
　例を（　　　）げる
　旗を（　　　）げる

⑨成功を<u>収める</u>
　税金を（　　　）める
　国を（　　　）める

⑩ビルが<u>建つ</u>
　酒を（　　　）つ
　布を（　　　）つ

⑪実行に<u>移す</u>
　鏡に（　　　）す
　書類を（　　　）す

⑫法を<u>犯す</u>
　危険を（　　　）す
　所有権を（　　　）す

⑬念を<u>押す</u>
　代表に（　　　）す
　判を（　　　）す

⑭結束が<u>固い</u>
　表情が（　　　）い
　守りが（　　　）い

⑮苦労を<u>掛ける</u>
　橋を（　　　）ける
　命を（　　　）ける

⑯問題を<u>解く</u>
　絵の具を（　　　）く
　理論を（　　　）く

⑰息を<u>止める</u>
　家に（　　　）める
　気に（　　　）める

⑱うわさに<u>聞く</u>
　演奏を（　　　）く
　かぜに（　　　）く薬

解答

問2　①要件　②余地　③該当、街頭　④遺構、遺稿　⑤対照、対称　⑥追求、追及
　　　⑦回答、解凍　⑧不信、不振　⑨公演、後援　⑩信仰、振興

問3　①絶　②断　③八　④同　⑤転　⑥同　⑦根　⑧伝　⑨若　⑩髪　⑪風　⑫音　⑬地　⑭千　⑮代
　　　⑯無　⑰束　⑱走　⑲里　⑳知　㉑無　㉒一　㉓単　㉔月　㉕束　㉖田　㉗日　㉘業　㉙尾　㉚歌
　　　㉛頭　㉜錯　㉝一　㉞善　㉟回　㊱長　㊲応　㊳心　㊴冠　㊵道

問4　①謝　②現　③彫　④粗　⑤傷　⑥備　⑦空、開　⑧挙、揚　⑨納、治　⑩断、裁　⑪映、写
　　　⑫冒、侵　⑬推、捺（・押）　⑭硬、堅　⑮架、懸　⑯溶、説　⑰泊、留　⑱聴、効

16

2．2．語彙・語句（実践★★）

問1　次の語句の対義語を答えなさい。

①緯線　⇔　（　　　　）　②加害　⇔　（　　　　）　③及第　⇔　（　　　　）

④雑然　⇔　（　　　　）　⑤独創　⇔　（　　　　）　⑥精密　⇔　（　　　　）

⑦画一　⇔　（　　　　）　⑧中枢　⇔　（　　　　）　⑨空虚　⇔　（　　　　）

⑩乾燥　⇔　（　　　　）　⑪偉大　⇔　（　　　　）　⑫親密　⇔　（　　　　）

⑬華美　⇔　（　　　　）　⑭虚偽　⇔　（　　　　）　⑮憎悪　⇔　（　　　　）

⑯希薄　⇔　（　　　　）　⑰歓喜　⇔　（　　　　）　⑱拒否　⇔　（　　　　）

⑲混沌　⇔　（　　　　）　⑳記憶　⇔　（　　　　）

問2　次の下線部の同音異義語・同訓異義語を答えなさい。

①代表者を選考する　　　　　　②利息が付く

教育学を（　　　）する　　　　席に（　　　）く

相手チームの（　　　）　　　　仕事に（　　　）く

③温暖な気候　　　　　　　　　④交通を規制する

葉の（　　　）の観察　　　　　他の動物に（　　　）する

随筆を（　　　）する　　　　　新幹線で（　　　）する

工事の（　　　）式　　　　　　（　　　）の事実

⑤先生の指示に従う　　　　　　⑥期間を延長する

大多数の（　　　）を得る　　　報道（　　　）に勤める

有名な先生に（　　　）する　　腸は消化（　　　）です

（　　　）にわたりますが　　　国の（　　　）産業

解答								
問1	①経線	②被害	③落第	④整然	⑤模倣	⑥粗雑	⑦多様	⑧末梢	⑨充実
	⑩湿潤	⑪凡庸	⑫疎遠	⑬質素	⑭真実	⑮愛好	⑯濃厚	⑰悲哀	⑱承諾
	⑲秩序	⑳忘却							
問2	①専攻、先攻　②着、就　③気孔、寄稿、起工								
	④寄生、帰省、既成　⑤支持、師事、私事　⑥機関、器官、基幹								

17

問3　次の四字熟語を完成させなさい。

①絶体絶（　　　）　②暗（　　　）模索　③利害（　　　）失

④（　　　）末転倒　⑤感慨（　　　）量　⑥朝三（　　　）四

⑦玉（　　　）混淆　⑧奇想天（　　　）　⑨（　　　）霜烈日

⑩支離滅（　　　）　⑪質（　　　）応答　⑫泰（　　　）自若

⑬（　　　）磋琢磨　⑭捲土（　　　）来　⑮美辞麗（　　　）

⑯平（　　　）無事　⑰（　　　）機応変　⑱粉骨砕（　　　）

⑲傍若（　　　）人　⑳行（　　　）流水

問4　次の語句の類義語を答えなさい。

①沈着　＝（　　　）　②未来　＝（　　　）　③意図　＝（　　　）

④安全　＝（　　　）　⑤不安　＝（　　　）　⑥音信　＝（　　　）

⑦対等　＝（　　　）　⑧介入　＝（　　　）　⑨応答　＝（　　　）

⑩我慢　＝（　　　）　⑪欠点　＝（　　　）　⑫寄与　＝（　　　）

⑬同意　＝（　　　）　⑭倹約　＝（　　　）　⑮準備　＝（　　　）

⑯実直　＝（　　　）　⑰手段　＝（　　　）　⑱思慮　＝（　　　）

⑲突然　＝（　　　）　⑳由緒　＝（　　　）

解答

問3　①命　②中　③得　④本　⑤無　⑥暮　⑦石　⑧外　⑨秋　⑩裂
　　　⑪疑　⑫然　⑬切　⑭重　⑮句　⑯穏　⑰臨　⑱身　⑲無　⑳雲

問4　①冷静　②将来　③計画　④無事　⑤心配　⑥消息　⑦互角
　　　⑧関与　⑨返事　⑩忍耐　⑪短所　⑫貢献　⑬賛成　⑭節約
　　　⑮用意　⑯律義　⑰方法　⑱分別　⑲不意（・突如・唐突）　⑳来歴

問5　次の成句・ことわざ・故事成語の意味を答えなさい。

①目をつぶる（　　　　　　　　　　　　　　　　　　　　　　　　）

②足を伸ばす（　　　　　　　　　　　　　　　　　　　　　　　　）

③手を打つ（　　　　　　　　　　　　　　　　　　　　　　　　　）

④仏作って魂入れず（　　　　　　　　　　　　　　　　　　　　　）

⑤覆水盆に返らず（　　　　　　　　　　　　　　　　　　　　　　）

⑥花を持たせる（　　　　　　　　　　　　　　　　　　　　　　　）

⑦餅は餅屋（　　　　　　　　　　　　　　　　　　　　　　　　　）

⑧ぬかにくぎ（　　　　　　　　　　　　　　　　　　　　　　　　）

⑨焼け石に水（　　　　　　　　　　　　　　　　　　　　　　　　）

⑩竹馬の友（　　　　　　　　　　　　　　　　　　　　　　　　　）

⑪四面楚歌（　　　　　　　　　　　　　　　　　　　　　　　　　）

⑫水魚の交わり（　　　　　　　　　　　　　　　　　　　　　　　）

⑬朱に交われば赤くなる（　　　　　　　　　　　　　　　　　　　）

⑭光陰矢のごとし（　　　　　　　　　　　　　　　　　　　　　　）

⑮蛙の子は蛙（　　　　　　　　　　　　　　　　　　　　　　　　）

⑯あぶはちとらず（　　　　　　　　　　　　　　　　　　　　　　）

⑰井の中の蛙（　　　　　　　　　　　　　　　　　　　　　　　　）

⑱帯に短したすきに長し（　　　　　　　　　　　　　　　　　　　）

⑲出藍の誉れ（　　　　　　　　　　　　　　　　　　　　　　　　）

⑳蛍雪の功（　　　　　　　　　　　　　　　　　　　　　　　　　）

解答

問5　①気づかないふりをすること　②予定より遠くへ行くこと　③妥協すること　④一番肝心なものを忘れていることのたとえ　⑤いったんしてしまったことは、再び元通りにならないこと　⑥相手をたてること　⑦物事にはそれぞれ専門家がいること　⑧少しも効き目のないこと　⑨労力のみで効果のないこと　⑩幼友達　⑪味方がすべて敵に陥り、孤立無援なこと、敵中で一人ぼっちになってしまうこと　⑫親しい友達との交際　⑬人は交わる友によって良くも悪くもなるということ　⑭月日が早く過ぎゆくことのたとえ　⑮凡人の子どもは、やはり凡人であるということ　⑯両方を得ようとしても、どちらも得られないことのたとえ　⑰見識が狭く、世間知らずのこと　⑱中途半端で役に立たないこと　⑲学問や技芸が、その先生よりまさること　⑳苦労して、学問をしたおかげ

第3節　文法・敬語

3．1．文法・敬語（基礎★）

問1　次の説明に該当する品詞名を答えなさい。

　①活用のある自立語で、述語になるものは何ですか。（　　　　）、（　　　　）、（　　　　）

　②活用しない自立語で、主語になるものは何ですか。　（　　　　）、（　　　　）

　③活用しない自立語で、修飾語になるものは何ですか。　（　　　　）、（　　　　）

　④活用しない自立語で、修飾語にならないものは何ですか。　（　　　　）、（　　　　）

　⑤付属語で活用するものは何ですか。　　　（　　　　　）

　⑥付属語で活用しないものは何ですか。　　（　　　　　　）

問2　活用する品詞の六つの活用名を答えなさい。

　（　　　　）、（　　　　　）、（　　　　）（　　　　　）、（　　　　　）、（　　　　　）

問3　五段活用動詞の連用形が、「て（で）・たり（だり）・た（だ）」に続くときに、語尾
　　　が変わることを何と言いますか。　　　　　（　　　　　　　）

　　　その種類を三つ書きなさい。　　　①書く→書いて（　　　　）

　　　　　　②走る→走って（　　　　）　③読む→読んだり（　　　　）

問4　「副詞の呼応」の文です。（　　　）に適当な言葉を入れなさい。

　①おそらく君は来ない（　　　　）　②理由が全然わから（　　　　　）

　③ぜひ東京へ行ってみ（　　　　）　④きっと彼の仕業（　　　　）

　⑤まるで夢を見ている（　　　　）　⑥もし失敗した（　　　　）、後悔はしない

解答

問1　①動詞、形容詞、形容動詞　　②名詞、代名詞　　③連体詞、副詞　　④接続詞、感動詞
　　　⑤助動詞　⑥助詞

問2　未然形、連用形、終止形、連体形、仮定形、命令形

問3　音便　　①イ音便　　②促音便　　③撥音便

問4　①だろう　②ない　③たい　④だろう（だ）　⑤ようだ　⑥としても

問5 次の文の下線部の語の説明として適当なものを選び、記号で答えなさい。

①ある日のことだった（　　）　今日は予定がある（　　）　わが輩は猫である（　　）

　　ア. 動詞　　イ. 補助動詞　　ウ. 連体詞　　エ. 接続詞　　オ. 助動詞

②誰でも知っている（　　）　　　　でも、無理です（　　）

　読んでも分からない（　　）　　　そんなに元気でもない（　　）

　彼は部長でもある（　　）　　　　山でも野でも咲いている（　　）

　　ア. 助動詞＋副助詞　　イ. 形容動詞の語尾＋副助詞　　ウ. 接続助詞

　　エ. 副助詞　　オ. 接続詞　　カ. 格助詞＋副助詞

③母は元気な人だ（　　）　　　　おかしな出来事だ（　　）

　秋なのにまだ暑い（　　）　　　君は行くな（　　）

　　ア. 終助詞　　イ. 助動詞　　ウ. 形容動詞の語尾　　エ. 連体詞の一部

④僕には夢がない（　　）　　　　映画は楽しくない（　　）

　観客が少ない（　　）　　　　　漫画本は買わない（　　）

　　ア. 形容詞　　イ. 形容詞の一部　　ウ. 助動詞　　エ. 形式形容詞

⑤昨日、手紙を読んだ（　　）　　　表情が穏やかだ（　　）

　　ア. 形容動詞の活用語尾　　イ. 助動詞

⑥僕が考えた計画だ（　　）　　　確かにうまそうだ（　　）

　　ア. 助動詞の一部　　イ. 助動詞　　ウ. 動詞の一部　　エ. 助詞

問6 五種類の敬語を答えなさい。

①おっしゃる、なさる、召し上がる　　（　　　　　　　　　　　　）

②うかがう、いただく、申し上げる　　（　　　　　　　　　　　　）

③まいる、いたす、もうす　　　　　　（　　　　　　　　　　　　）

④です、ます、ございます　　　　　　（　　　　　　　　　　　　）

⑤おちゃ、おかし、おさけ　　　　　　（　　　　　　　　　　　　）

解答

問5　①ウ、ア、イ　　②エ、オ、ウ、イ、ア、カ　　③ウ、エ、イ、ア

　　　④ア、エ、イ、ウ　　⑤イ、ア　　⑥イ、ア

問6　①尊敬語　　②謙譲語Ⅰ　　③謙譲語Ⅱ（丁重語）　　④丁寧語　　⑤美化語

21

３.２. 文法・敬語（実践★★）

問１　次の文の下線の語の説明として適当なものを選び、記号で答えなさい。

①膝の<u>上に</u>置く（　　）　九時<u>に</u>帰る（　　）　先生<u>に</u>相談する（　　）

映画を見<u>に</u>行く（　　）　やっと静か<u>に</u>なった（　　）

　　　　ア．形容動詞の語尾　　イ．格助詞・目的　　ウ．格助詞・相手

　　　　エ．格助詞・時　　　オ．格助詞・場所

②会社<u>から</u>帰る（　　）　疲れ<u>から</u>熱が出た（　　）　米<u>から</u>酒を造る（　　）

母が来て<u>から</u>行く（　　）　高い<u>から</u>買えない（　　）　絶対にやめない<u>から</u>（　　）

　　　　ア．格助詞・材料　　イ．格助詞・原因理由　　ウ．格助詞・その後

　　　　エ．格助詞・起点　　オ．接続助詞・原因理由　　カ．接続助詞・決意

③友達<u>と</u>遊ぶ（　　）　使用禁止<u>と</u>なる（　　）　「こんにちは」<u>と</u>言った（　　）

彼<u>と</u>彼女と僕<u>と</u>（　　）　できない<u>と</u>困る（　　）　指で押す<u>と</u>動いた（　　）

疲れる<u>と</u>眠くなる（　　）　無理であろう<u>と</u>頑張る（　　）　はっきり<u>と</u>した態度（　　）

　　　　ア．副詞の一部　　イ．格助詞・相手　　ウ．格助詞・並立　　エ．格助詞・引用

　　　　オ．格助詞・作用の結果　　カ．接続助詞・仮定の順接

　　　　キ．接続助詞・継起の順接　　ク．接続助詞・確定の順接

　　　　ケ．接続助詞・仮定の逆接

問２　尊敬語が用いられている文はどれですか。番号で答えなさい。

①みなさんには、次の会で承ります。　②みなさんに、お伺いしたいことがございます。
③みなさんがいらっしゃるのを心待ちにしております。　④みなさんの都合のいい時に参
ります。　⑤ご覧になれば、納得していただけます。　⑥先日献上させていただいた品は、
どうでしたか。　⑦あなたからのお手紙拝読させていただきました。　⑧ご就職、お慶び
申し上げます。　⑨拝借した図鑑は、本日お返しに上がります。　⑩実家から送ってきた
柿ですが、召し上がってください。

解答

問１　①オ、エ、ウ、イ、ア　　②エ、イ、ア、ウ、オ、カ　　③イ、オ、エ、ウ、カ、キ、ク、ケ、ア
問２　③（いらっしゃる）、⑤（ご覧になれ）、⑩（召し上がっ）

22

問3　次の下線部を正しい敬語表現に直しなさい。

　　①冷めないうちに<u>食べ</u>てください。（　　　　　　　　　　）

　　②先生は、来週東京へ<u>行く</u>そうです。（　　　　　　　　　）

　　③先生が<u>言った</u>とおりでした。（　　　　　　　　）

　　④先生が歩いて<u>来る</u>のが見えた。（　　　　　　　）

　　⑤加藤さん<u>という</u>方がお見えです。（　　　　　　　）

　　⑥あなたのご両親は、古典文学を<u>読む</u>ことはありますか。（　　　　　　　）

　　⑦先生は図書館に<u>いる</u>。（　　　　　　　）

　　⑧先生はテニスを<u>する</u>そうです。（　　　　　　　）

　　⑨先生が文学全集を<u>くれ</u>た。（　　　　　　　）

　　⑩先生が着物を<u>着る</u>。（　　　　　　）

　　⑪先生は、朝八時に学校へ<u>着く</u>。（　　　　　　　）

　　⑫先生が、歌舞伎を<u>見る</u>。（　　　　　　　）

　　⑬先生は、そのことを<u>知っている</u>。（　　　　　　　）

　　⑭先生は、この椅子が<u>気に入っている</u>。（　　　　　　　）

　　⑮もう先生は<u>寝</u>ていた。（　　　　　　）

　　⑯私は、朝食を<u>召し上がる</u>。（　　　　　　）

　　⑰先生が<u>申された</u>ことに納得した。（　　　　　　　）

　　⑱部長は、三時に<u>お戻りになる</u>予定です。（　　　　　　　）

　　⑲先生が、作品展を<u>拝見する</u>。（　　　　　　）

　　⑳祖父は、まだ<u>お帰りになりません</u>。（　　　　　　　）

解答

問3　①召し上がっ　　②いらっしゃる、おいでになる

　　③おっしゃっ　　④いらっしゃる　　⑤おっしゃる　　⑥お読みになる

　　⑦いらっしゃる、おいでになる　　⑧なさる　　⑨くださっ

　　⑩お召しになる　　⑪お着きになる　　⑫ご覧になる　　⑬ご存じである、知っていらっしゃる

　　⑭お気に召している　　⑮お休みになっ　　⑯いただく（・食べる）　　⑰おっしゃった

　　⑱戻る　　⑲ご覧になる　　⑳帰っていません

23

問4　次の下線部を正しい敬語表現にして、全文を言い換えなさい。

①私まで招いてもらい、うれしく思います。

　（　　　　　　　　　　　　　　　　　　　　　）

②先生が指導してくれたので、優勝できました。

　（　　　　　　　　　　　　　　　　　　　　　）

③先輩に待ってもらうなんて、申し訳ありません。

　（　　　　　　　　　　　　　　　　　　　　　）

④先生、私が代って、一つ持ちます。

　（　　　　　　　　　　　　　　　　　　　　　）

⑤先生に会って直接申し上げます。

　（　　　　　　　　　　　　　　　　　　　　　）

⑥お客様はこちらに参りますか。

　（　　　　　　　　　　　　　　　　　　　　　）

⑦鈴木様は会議に参加いたしますか。

　（　　　　　　　　　　　　　　　　　　　　　）

⑧小島様はございますか。

　（　　　　　　　　　　　　　　　　　　　　　）

⑨お客様がお見えになられました。

　（　　　　　　　　　　　　　　　　　　　　　）

⑩この電車には、ご乗車できません。

　（　　　　　　　　　　　　　　　　　　　　　）

解答

問4　①私までお招きいただき、うれしく思います。

　　②先生がご指導してくださったおかげで、優勝できました。

　　③先輩にお待ちいただくなんて、申し訳ありません。

　　④先生、私が代って、一つお持ちいたします。　　⑤先生にお会いして直接申し上げます。

　　⑥お客様はこちらにいらっしゃいますか。　　⑦鈴木様は会議にご参加なさいますか。

　　⑧小島様はいらっしゃいますか。　　⑨お客様がお見えになりました。

　　⑩この電車には、ご乗車になれません。この電車には、ご乗車いただけません。

24

【コラム】敬語の種類は5種類に

　敬語とは、待遇表現の一部として、話し手が状況や人間関係によって相手や話の中の人に対する表現を使い分けることで、扱い（待遇）を変えることのできるものである。

　これまで敬語は、通例、尊敬語、謙譲語、丁寧語の3種類があると説明されてきた。ところが、平成19年2月、文化審議会が出した「敬語の指針」の答申の中で、3種類だった敬語が5種類に分類された。

　謙譲語がⅠとⅡ（丁重語）に分けられ、丁寧語に含められていた美化語が独立することとなった。

　さらに、敬語の説明にも変化が出てきた。これまで使われていた「敬意を表す」「敬う」「高める」「低める」「謙遜する」「へりくだる」などの言葉は使わず、「立てる」「向かう先」「恩恵を受ける」などの言葉を使って説明するようになった。

　今後、敬語を使う場合は、特に、謙譲語Ⅰ・謙譲語Ⅱ・丁寧語の使い分けに注意することが必要である。（誰の行為・物事を表すのか、敬意の対象は何なのか等）

	3種類	5種類	働き・性質（「敬語の指針」より）
敬語の種類	尊敬語	尊敬語	相手側または第三者の行為・物事・状態などについてその人物を立てて述べる語 例：賜る、おっしゃる、いらっしゃる、ご覧になるお召しになる、くださる、ご存じ、召し上がる
	謙譲語	謙譲語Ⅰ	自分側から相手側または第三者に向かう行為・物事などについて、その向かう先の人物を立てて述べる語 例：伺う、存じ上げる、申し上げる、拝借する、お目にかかる、拝読する、献上、ご挨拶、謹賀新年
		謙譲語Ⅱ（丁重語）	自分側の行為・物事などを、話や文章の相手に対して丁重に述べる語 例：申す、参る、おる、存じる、いたす、いただく、拙宅、寸志、申し伝える、弊社、愚息、粗品
	丁寧語	丁寧語	話や文章の相手に対して丁寧に述べる語 例：です、ます、ございます、先ほど、所存、少々したがいまして、遺憾に存じます、本日、昨日
		美化語	物事を美化して述べる語 例：いつでもおいしくいただけます、お酒とみりんを加えます

4．1．文学史（基礎★）

問1　次の説明に適する作品名を答えなさい。

①日本最古の書籍で、太安万侶が稗田阿礼から聞き取りまとめたもの。（　　　　　）

②日本最古の歌集であり、「ますらをぶり」を特徴とする。選者に大伴家持がいる。
（　　　　　）

③紀貫之による初の男性によるかな文の日記である。　　　　（　　　　　）

④作者は清少納言である。「をかし」の文学と呼ばれている。　（　　　　　）

⑤作者は紫式部である。「もののあはれ」を本質としている。　（　　　　　）

⑥作者は鴨長明である。仏教の無常観で貫かれている。　　　（　　　　　）

⑦作者は兼好法師（吉田兼好）。仏教の無常観を基盤としている。　（　　　　　）

⑧平家一門の栄枯盛衰の物語である。作者は信濃前司行長と伝えられている。
（　　　　　）

⑨松尾芭蕉による旅程六百里の俳諧紀行文である。　　　　（　　　　　）

⑩最初の勅撰和歌集である。「たをやめぶり」を特徴とする。選者に紀貫之がいる。
（　　　　　）

⑪「かぐや姫の物語」として、現在でも広く親しまれている。　（　　　　　）

⑫作者は井原西鶴である。大晦日という総決算の日に起こるいろいろな事件を取り上げ、
悲喜こもごもの知恵比べを描いた作品である。　　　　　（　　　　　）

⑬作者は本居宣長である。日本古来の考え方に基づいて古典を解明しようと著した『古事
記』の注釈書である。　　　　　　　　　　　　　　　（　　　　　）

⑭作者は菅原孝標女である。少女時代から老境までの四十年間の回想記録である。
（　　　　　）

⑮在原業平の歌を中心とした百二十五の章段から成る歌物語である。
（　　　　　）

解答

問1　①古事記　②万葉集　③土佐日記　④枕草子　⑤源氏物語　⑥方丈記　⑦徒然草　⑧平家物語
　　　⑨奥の細道　⑩古今和歌集　⑪竹取物語　⑫世間胸算用　⑬古事記伝　⑭更級日記　⑮伊勢物語

問2　次の冒頭文で始まる作品名を答えなさい。

①「春はあけぼの。やうやう白くなりゆく山ぎは、すこしあかりて、むらさきだちたる雲のほそくたなびきたる。」（　　　　　　　　）

②「道がつづら折りになって、いよいよ天城峠に近づいたと思うころ、雨脚が杉の密林を白く染めながら、すさまじい早さで麓から私を追ってきた。」（　　　　　　　　）

③「木曽路はすべて山の中である。」（　　　　　　　　）

④「祇園精舎の鐘の声、諸行無常の響きあり。」（　　　　　　　　）

⑤「月日は百代の過客にして、行きかふ年もまた旅人なり。」（　　　　　　　　）

⑥「親譲りの無鉄砲で小供の時から損ばかりしている。」（　　　　　　　　）

⑦「ゆく河の流れは絶えずして、しかも、もとの水にあらず。」（　　　　　　　　）

⑧「国境の長いトンネルを抜けると雪国であった。」（　　　　　　　　）

⑨「歌島は人口千四百、周囲一里に充たない小島である。」（　　　　　　　　）

⑩「いづれの御時にか、女御・更衣あまたさぶらひ給ひけるなかに、」（　　　　　　　　）

⑪「つれづれなるままに、日暮らし、硯に向かひて、心にうつりゆくよしなし事を、そこはかとなく書きつくれば、」（　　　　　　　　）

⑫「ある日の暮方の事である。一人の下人が、羅生門の下で雨やみを待っていた。」
　　　（　　　　　　　　）

⑬「その頃、と言っても大正四五年のことで、いまから四十数年前のことだが、夕方になると、決まって村の子供たちは口々にしろばんば、しろばんばと叫びながら、」
　　　（　　　　　　　　）

⑭「これは清兵衛と言う子供と瓢箪との話である。」（　　　　　　　　）

⑮「越後の春日を経て今津へ出る道を、珍しい旅人の一群が歩いている。母は三十歳を超えたばかりの女で、二人の子供を連れている。」（　　　　　　　　）

解答

問2　①枕草子　②伊豆の踊子　③夜明け前　④平家物語　⑤奥の細道　⑥坊っちゃん　⑦方丈記
　　　⑧雪国　⑨潮騒　⑩源氏物語　⑪徒然草　⑫羅生門　⑬しろばんば　⑭清兵衛と瓢箪　⑮山椒大夫

27

問3 次の作品の作者名を下から選び、記号で答えなさい。

①「好色一代男」（　　） ②「学問のすゝめ」（　　） ③「たけくらべ」（　　）

④「東海道中膝栗毛」（　　） ⑤「小説神髄」（　　） ⑥「浮雲」（　　）

⑦「五重塔」（　　） ⑧「坊っちゃん」（　　） ⑨「羅生門」（　　）

⑩「野菊の墓」（　　） ⑪「友情」（　　） ⑫「土」（　　）

⑬「城之崎にて」（　　） ⑭「伊豆の踊子」（　　） ⑮「放浪記」（　　）

⑯「雲の墓標」（　　） ⑰「兎の眼」（　　） ⑱「坂の上の雲」（　　）

⑲「天平の甍」（　　） ⑳「点と線」（　　）

ア．松本清張　　イ．阿川弘之　　ウ．林芙美子　　エ．川端康成　　オ．井上靖

カ．夏目漱石　　キ．芥川龍之介　ク．井原西鶴　　ケ．樋口一葉　　コ．志賀直哉

サ．福沢諭吉　　シ．十返舎一九　ス．幸田露伴　　セ．武者小路実篤　ソ．坪内逍遥

タ．二葉亭四迷　チ．伊藤左千夫　ツ．長塚節　　　テ．灰谷健次郎　ト．司馬遼太郎

問4 次の外国作品の作者名を下から選び、記号で答えなさい。

①「カラマーゾフの兄弟」（　　） ②「誰がために鐘は鳴る」（　　） ③「赤と黒」（　　）

④「変身」（　　） ⑤「風と共に去りぬ」（　　） ⑥「女の一生」（　　）

⑦「故郷」（　　） ⑧「桜の園」（　　） ⑨「猟人日記」（　　）

⑩「静かなドン」（　　） ⑪「大地」（　　） ⑫「異邦人」（　　）

⑬「レ＝ミゼラブル」（　　） ⑭「若きウェルテルの悩み」（　　）

⑮「谷間の百合」（　　） ⑯「狭き門」（　　） ⑰「ガリバー旅行記」（　　）

⑱「母」（　　） ⑲「怒りの葡萄」（　　） ⑳「月と六ペンス」（　　）

A．バルザック　B．スタンダール　C．カフカ　D．ゲーテ　E．モーム　F．魯迅

G．スタインベック　H．ミッチェル　I．ヘミングウェイ　J．チェーホフ　K．ジード

L．モーパッサン　M．ドストエフスキー　N．スウィフト　O．カミユ　P．ユーゴー

Q．ショーロホフ　R．トゥルゲーネフ　S．パール＝バック　T．ゴーリキー

解答

問3 ①ク ②サ ③ケ ④シ ⑤ソ ⑥タ ⑦ス ⑧カ ⑨キ ⑩チ ⑪セ ⑫ツ ⑬コ ⑭エ ⑮ウ
　　⑯イ ⑰テ ⑱ト ⑲オ ⑳ア

問4 ①M ②I ③B ④C ⑤H ⑥L ⑦F ⑧J ⑨R ⑩Q ⑪S ⑫O ⑬P ⑭D ⑮A
　　⑯K ⑰N ⑱T ⑲G ⑳E

4. 2. 文学史（実践★★）

問1　次の俳句の季語と季節を答えなさい。

①旅に病んで夢は枯野をかけめぐる（　　　　　　）・（　　　　　　）

②菜の花や月は東に日は西に（　　　　　）・（　　　　　）

③雀の子そこのけそこのけ御馬が通る（　　　　　　）・（　　　　　　）

④朝顔につるべとられてもらひ水（　　　　　）・（　　　　　）

⑤柿くへば鐘が鳴るなり法隆寺（　　　　）・（　　　　）

⑥流れゆく大根の葉の早さかな（　　　　）・（　　　　）

⑦啄木鳥や落葉をいそぐ牧の木々（　　　　）・（　　　　）

⑧海に出て木枯帰るところなし（　　　　）・（　　　　）

⑨万緑の中や吾子の歯生えそむる（　　　　）・（　　　　）

⑩赤い椿白い椿と落ちにけり（　　　　）・（　　　　）

⑪軒ふかしこの風鈴を吊りしより（　　　　）・（　　　　）

⑫引つぱれる糸まつすぐや甲虫（　　　　）・（　　　　）

⑬咳の子のなぞなぞ遊びきりもなや（　　　　　）・（　　　　　）

⑭雀らも海かけて飛べ吹き流し（　　　　　）・（　　　　）

問2　問1の俳句に関する次の問いに答えなさい。

①下線部の「や」、「かな」、「けり」は、何とよばれていますか。（　　　　　　　）
　どんな働きをしていますか。（　　　　　　　　　　　　　　　　　　　）

②⑤の句に使われている表現技法は何ですか。（　　　　　　　）

③⑦の句は、何句切れですか。（　　　　　）

④①の句の作者は誰ですか。（　　　　　）

⑤⑪に使われている表現技法は何ですか。（　　　　　　　　）

解答

問1　①枯野・冬　②菜の花・春　③雀の子・春　④朝顔・秋　⑤柿・秋　⑥大根・冬　⑦啄木鳥・秋（「落葉」は冬の季語だが、この歌では切れ字「や」により「啄木鳥」に焦点があたる。そのため、「啄木鳥」が季語の秋の句となる）　⑧木枯・冬　⑨万緑・夏　⑩椿・春　⑪風鈴・夏　⑫甲虫・夏　⑬咳・冬　⑭吹き流し・夏

問2　①切れ字。内容や意味を途中で切り、余情を感じさせ、句の主題を強調する。
　　②体言止め　③初句切れ　④松尾芭蕉　⑤倒置法

問3　次の短歌の作者名を、ア～コから選び、記号で答えなさい。

①ゆく秋の大和の国の薬師寺の塔の上なる一ひらの雲（　　　　　）

②たはむれに母を背負ひてそのあまり軽きに泣きて三歩あゆまず（　　　　　）

③死に近き母に添寝のしんしんと遠田のかはづ天に聞こゆる（　　　　　）

④幾山河越えさり行かば寂しさの終てなむ国ぞ今日も旅ゆく（　　　　　）

⑤瓶にさす藤の花ぶさ<u>みぢかければ</u>たたみの上にとどかざりけり（　　　　　）

⑥石崖に子供七人腰かけて河豚を釣り居り夕焼け小焼け（　　　　　）

⑦鉦鳴らし信濃の国を行き行かばありしながらの母見るらむか（　　　　　）

⑧街をゆき子供の傍を通る時蜜柑の香せり冬がまた来る（　　　　　）

⑨おり立ちて今朝の寒さを驚きぬ露しとしとと柿の落葉深く（　　　　　）

⑩<u>垂乳根の</u>母が釣りたる青蚊帳をすがしといねつたるみたれども（　　　　　）

| ア. 佐々木信綱　　イ. 長塚節　　ウ. 石川啄木　　エ. 北原白秋　　オ. 正岡子規 |
| カ. 木下利玄　　キ. 伊藤左千夫　ク. 若山牧水　　ケ. 窪田空穂　　コ. 齋藤茂吉 |

問4　問3の短歌について、以下の問いに答えなさい。

①⑩の短歌の下線部の表現技法を何と言いますか。（　　　　　　　）

②①と⑥の短歌に共通して使われている表現技法を何と言いますか。（　　　　　）

③⑤の短歌の下線部の表現技法を何と言いますか。（　　　　　　）

④亡き母へのひたすらな思慕が感じられる短歌の記号を答えなさい。（　　　　　）

⑤①の短歌の特徴を簡単に説明しなさい。　（　　　　　　　　　　　）

解答

問3　①ア　　②ウ　　③コ　　④ク　　⑤オ　　⑥エ　　⑦ケ　　⑧カ　　⑨キ　　⑩イ

問4　①枕詞　　②体言止め　　③字余り　　④⑦　　⑤「の」の繰り返しと視点の移動

問5 次の詩集・歌集の作者名を、ア～シから選び、記号で答えなさい

① 『みだれ髪』（　　　） ② 『赤光』（　　　） ③ 『邪宗門』（　　　）

④ 『悲しき玩具』（　　　） ⑤ 『海の声』（　　　） ⑥ 『若菜集』（　　　）

⑦ 『智恵子抄』（　　　） ⑧ 『月に吠える』（　　　） ⑨ 『測量船』（　　　）

⑩ 『抒情小曲集』（　　　） ⑪ 『山羊の歌』（　　　） ⑫ 『天地有情』（　　　）

```
ア. 土井晩翠    イ. 三好達治    ウ. 室生犀星    エ. 中原中也    オ. 高村光太郎
カ. 島崎藤村    キ. 萩原朔太郎   ク. 齋藤茂吉    ケ. 北原白秋    コ. 石川啄木
サ. 若山牧水    シ. 与謝野晶子
```

問6 次の作品の作者名を書きなさい。

① 『走れメロス』（　　　　　） ② 『金閣寺』（　　　　　） ③ 『ビルマの竪琴』（　　　　　）

④ 『次郎物語』（　　　　　） ⑤ 『原爆詩集』（　　　　　） ⑥ 『二十四の瞳』（　　　　　）

⑦ 『1Q84』（　　　　　） ⑧ 『ごんぎつね』（　　　　　） ⑨ 『ハムレット』（　　　　　）

⑩ 『車輪の下』（　　　　　） ⑪ 『父帰る』（　　　　　） ⑫ 『暗夜行路』（　　　　　）

⑬ 『真実一路』（　　　　　） ⑭ 『夕鶴』（　　　　　） ⑮ 『細雪』（　　　　　）

⑯ 『不如帰』（　　　　　） ⑰ 『武蔵野』（　　　　　） ⑱ 『高野聖』（　　　　　）

⑲ 『銀河鉄道の夜』（　　　　　） ⑳ 『太陽の季節』（　　　　　）

問7 日本の文学の流れを示した次の項目に該当する作家を、後のア～クから選び、記号で
答えなさい。

① 写実主義（　　　） ② 浪漫主義（　　　） ③ 自然主義（　　　） ④ 耽美主義（　　　）

⑤ 理想主義（　　　） ⑥ 新現実主義（　　　） ⑦ 新感覚派（　　　） ⑧ プロレタリア文学（　　　）

```
ア. 小林多喜二   イ. 坪内逍遥    ウ. 永井荷風    エ. 芥川龍之介
オ. 北村透谷    カ. 田山花袋    キ. 武者小路実篤  ク. 川端康成
```

解答

問5 ①シ ②ク ③ケ ④コ ⑤サ ⑥カ ⑦オ ⑧キ ⑨イ ⑩ウ ⑪エ ⑫ア

問6 ①太宰治 ②三島由紀夫 ③竹山道雄 ④下村湖人 ⑤峠三吉 ⑥壺井栄 ⑦村上春樹 ⑧新美南吉
　　⑨シェークスピア ⑩ヘッセ ⑪菊池寛 ⑫志賀直哉 ⑬山本有三 ⑭木下順二 ⑮谷崎潤一郎
　　⑯徳冨蘆花 ⑰国木田独歩 ⑱泉鏡花 ⑲宮沢賢治 ⑳石原慎太郎

問7 ①イ ②オ ③カ ④ウ ⑤キ ⑥エ ⑦ク ⑧ア

【参考書】

	参考書 （ページ指定されている場合は該当ページを解く）	対応する節	解いた日
1	日本語検定委員会編著（2013）『日本語検定公式領域別問題集漢字・表記』東京書籍（4級・4級程度）	第1節 漢字（基礎）	
2	日本漢字能力検定協会編著（2019）『漢検過去問題集5級』三省堂書店		
3	日本漢字能力検定協会編著（2019）『漢検過去問題集4級』三省堂書店		
4	日本語検定協会編著（2013）『日本語検定公式領域別問題集　漢字・表記』東京書籍（pp.10-103　3級・3級程度）	第1節 漢字（実践）	
5	東京教友会編著（2017）『即答型　ポケットランナー　一般教養2019年度版』一ツ橋書店　pp.6-11		
6	東京アカデミー編著（2018）『教員採用試験対策　オープンセサミシリーズ　セサミノート　専門教科　小学校全科』七賢出版　pp.12-13		
7	河本敏浩（2012）『漢字一問一答完全版』ナガセ		
8	日本語検定委員会編著（2013）『日本語検定公式領域別問題集語彙・言葉の意味』東京書籍（4級・4級程度）	第2節 語句・語彙（基礎）	
9	学研プラス編著（2018）『中学漢字・語句・文法１１００〔新版〕』（学研教育出版）		
10	国語教育プロジェクト著（2007）『原色シグマ新国語便覧　増補3訂版』文英堂		
11	朝日新聞社編著（2018）『語彙・読解力検定』朝日新聞社（4級・5級）		
12	日本語検定委員会編著（2013）『日本語検定公式領域別問題集語彙・言葉の意味』（3級・3級程度）	第2節 語句・語彙（実践）	
13	朝日新聞社編著(2018)『語彙・読解力検定』朝日新聞社（2級・3級）		
14	霜栄著（2012）『生きる現代文読解語』駿台文庫		
15	晴山了共著（2018）『読解を深める現代文単語＜評論・小説＞』桐原書店		
16	日本語検定委員会編著（2013）『日本語検定公式領域別問題集敬語』（4級・4級程度）	第3節 文法・敬語（基	
17	齋藤孝著（2014）『マンガでおぼえる敬語』岩崎書店	語（基	

			礎）	
18	清水晶子（2012）『国語文法のコツ』秀英BOOKS			
19	絶対合格プロジェクト編著（2012）『高校入試国文法　１０日でできる』受験研究社			
20	日本語検定委員会編著（2019）『日本語検定公式領域別問題集　敬語』（改訂版）	第3節文法・敬語（実践）		
21	Ｍ．ａｃｃｅｓｓ著（2010）『文法の特訓　動詞編上・下』認知工学			
22	語研編集部編（2008）『社会人の常識敬語ドリル』語研			
23	文学史編集委員会編（1995）『頻出　日本文学史（河合塾シリーズ）』河合出版	第4節文学史（基礎）		
24	時事通信出版局編（2018）『一般教養　３０日完成』時事通信社			
25	芦田川康司（2007）『日本文学史チェックノート』日栄社			
26	日栄社編集所編（1996）『重点整理　新・国文学史ノート〔2色刷〕』日栄社	第4節文学史（実践）		
27	Ｚ会出版編集部編（2012）『ＳＰＥＥＤ攻略１０日間国語　文学史』Ｚ会出版編集部			

【コラム】言葉の由来２

『挙げ句の果て』
　　連歌や俳諧の最後の句を挙句（揚句）と呼ぶところからきた言葉
　　　（最後、いちばん終わりの意。）
『一目おく』
　　碁から出た言葉。弱い方が盤面に先に石を置いておくこと
　　　（相手がすぐれているのを認めること。）
『けりがつく』
　　和歌や俳句の最後が「けり」という語で終わることが多いことから出た言葉
　　　（終わりになる、決着が付く。）

【コラム】もう読みましたか

『氷壁』（井上靖）

> 小坂と魚津は冬の穂高に登攀中、ザイルが切れ、小坂が転落死する。残された魚津は周囲の疑惑の目に苦しむ。実際の事件に取材した山岳長編小説。

『坂の上の雲』（司馬遼太郎）

> 明治維新から日露戦争にいたる日本を舞台に、陸海軍の軍人秋山兄弟と現代俳句の創始者正岡子規の友情を描いた長編小説。

『静かなる生活』（大江健三郎）

> 障がいを持つ兄イーヨーと、妹マーちゃんの穏やかな日常を描く短編連作。平成7年、大江の義兄である伊丹十三監督によって映画化された。

『深い河』（遠藤周作）

> それぞれの業を抱えた人々が流浪の果てにガンジス河にたどり着き、魂の救済を得る姿を描く。神と人間の関係を問い続けた遠藤周作の最後の長編小説。

『蟹工船』（小林多喜二）

> 北洋の蟹工船で過酷な労働を強いられる船員たちが、階級意識に目覚め、立ち上がる姿を描いた中編小説。プロレタリア文学の最高峰と言われる作品。

『金閣寺』（三島由紀夫）

> 金閣寺に魅せられた無口で貧しい青年溝口は、その美を独占するために金閣寺に火を放った。実際の金閣寺放火事件に基づき、「美は滅びによって永遠となる」という三島の美学を主題に描いた長編小説。

『忍ぶ川』（三浦哲郎）

> 大学生の「私」は、料亭「忍ぶ川」で働く志乃と出会う。お互いの不幸な境遇を打ち明け合い、互いに傷を癒しながら、二人はひたむきに愛し合うようになる。藍による魂の再生を情緒的に描いた芥川賞受賞作。

『ノルウェイの森』（村上春樹）

> 「ノルウェイの森」を聴いた「僕」の脳裏に、ある記憶がよみがえる。青年期の喪失と再生を描く、ベストセラー小説。

第2章　社会

第1節　日本史

1．1．日本史（基礎★）

問　（　）に適語を入れなさい。

前3・2C	• 弥生時代を代表する静岡県の（①　　　　　　）遺跡は水稲耕作の証拠を示す。
239年	• 邪馬台国の女王が（②　　　　　　）であったことなどが、魏志倭人伝によってわかる。
593年	• （③　　　　　　　）は推古天皇の摂政となり、冠位十二階（603年）や十七条の憲法（604年）を制定し、小野妹子の遣隋使派遣（607年）や法隆寺の建立も行った。
645年	• 中大兄皇子や中臣鎌足らが（④　　　　　　）を起こし蘇我氏を滅ぼした。
672年	• 大海人皇子と大友皇子が皇位を争い（⑤　　　　　）を起こした。
723年	• 大化の改新により成立した公地公民制度である班田収授は、（⑥　　　　　　　）や墾田永年私財法（743年）によって崩れ始めた。
8C	• 天平文化を代表するのは、（⑦　　　　　）が建立した東大寺や鑑真が建立した唐招提寺である。
9C	• 最澄が天台宗を始め、（⑧　　　　）が真言宗を始めた。
894年	• （⑨　　　　　　）の建議により遣唐使が廃止されたことなどで国風文化が起こり、清少納言の『枕草子』や紫式部の『源氏物語』などが生まれた。
1086年	• （⑩　　　　　）上皇が院政を始めた。
1192年	• 源義経らが平氏を滅ぼし、（⑪　　　　　　）が征夷大将軍となって鎌倉幕府を開いた。
13・14C	• 鎌倉文化を代表する文学作品として、鴨長明の『方丈記』や（⑫　　　　　　）の『徒然草』がある。
1274年	• （⑬　　　　　　）が執権であった時、文永の役と弘安の役（1281年）の二度にわたって元寇が起きた。
1333年	• 鎌倉幕府が滅亡させられると、後醍醐天皇は吉野を拠点に建武の新政を行い（1334年）、（⑭　　　　　　）は室町幕府（1336年）を開いた。
1398年	• （⑮　　　　　）によって北山文化を代表する金閣寺が建立され、その後に足利義政によって東山文化を代表する銀閣寺が建立（1489年）された。
1467年	• 足利義政の時に諸勢力の入り乱れる権力闘争が（⑯　　　　　　）となって広がり、京都を中心に全国に及んで国土が荒廃した。
1543年	• ポルトガル人が（⑰　　　　　）に漂着し、鉄砲を伝えた。
1549年	• （⑱　　　　　　）が鹿児島に上陸し、キリスト教を伝えた。

1575 年	・織田信長が鉄砲隊を駆使し、（⑲　　　　　　　）によって武田勝頼の軍を倒した。
1588 年	・本能寺で織田信長が明智光秀に襲われ自害（1582 年）すると、豊臣秀吉が（⑳　　　　　　　）を出して兵農分離を行い、1592 年・1597 年には朝鮮出兵（文禄・慶長の役）も試みた。
1603 年	・関ケ原の合戦（1600 年）で石田三成を破った（㉑　　　　　　　）は、征夷大将軍となり江戸幕府を開いた。
1639 年	・徳川家光は、前年に島原の乱を平定してキリスト教を弾圧し、交易を長崎の（㉒　　　　　　　）におけるオランダ人などに限定する鎖国を完成させた。
1716 年	・江戸時代の三大改革の一つである享保の改革を（㉓　　　　　　　）が行い、その後、松平定信の寛政の改革（1787 年）、水野忠邦の天保の改革（1841 年）と続く。
1853 年	・アメリカ人の（㉔　　　　　　　）が浦賀に来航して通商を迫り、翌年に日米和親条約を結び、さらには日米修好通商条約（1858 年）も結んだ。
1868 年	・前年の江戸幕府最後の将軍（㉕　　　　　　　）による大政奉還を経て、勝海舟や西郷隆盛らの努力により江戸において無血革命となって明治維新が始まった。
1877 年	・西郷隆盛が挙兵し、政府軍との間で（㉖　　　　　　　）を起こした。
1894 年	・（㉗　　　　　　　）が起き、翌年に日本側代表の伊藤博文と清朝側代表の李鴻章との間で結ばれた下関講和条約で終結した。
1902 年	・日本はイギリスと（㉘　　　　　　　）を結び、第一次世界大戦への参戦の口実となった。
1904 年	・（㉙　　　　　　　）が起き、翌年に日本側代表の小村寿太郎とロシア側代表のウィッテとの間で結ばれたポーツマス条約で終結した。
1915 年	・第一次世界大戦中、日本は中国に（㉚　　　　　　　）を突き付け大陸への勢力拡大を図った。
1918 年	・富山県で起きた（㉛　　　　　　　）が全国に広がり、寺内正毅内閣が倒れた。
1923 年	・（㉜　　　　　　　）が起き、首都圏を中心に未曽有の被害を受けた。
1931 年	・（㉝　　　　　　　）の勃発を契機に満州国が成立し、満州国の正当性についてのリットン調査団の報告をめぐり日本は国際連盟を脱退（1933 年）した。
1932 年	・軍部の台頭により（㉞　　　　　　　）が起き、その後も 2・26 事件（1936 年）が続くなど、日本は戦争への坂を転がり落ちていった。
1941 年	・12 月 8 日の日本軍によるハワイへの（㉟　　　　　　　）によって、アジア・太平洋戦争への口火が切られた。
1945 年	・日本は（㊱　　　　　　　）を受諾し終戦となったが、その後マッカーサーの GHQ に占領され、正式な終戦はサンフランシスコ講和条約（1951 年）によった。

1956年	• 日本とソ連の間で（㊲　　　　　　　　　　）が結ばれたが、これが今日まで続く北方領土問題の発端となった。
1964年	• （㊳　　　　　　　　　　）が開催され、日本の高度経済成長を推進する出来事となった。
1973年	• 第一次（㊴　　　　　　　　　　）が起き、先進国経済は混乱に陥り日本の高度経済成長も終わることになった。
1978年	• 日本と中国との間で（㊵　　　　　　　　　　）が結ばれ、戦後の正常な日中関係が始まった。

解答

①登呂　②卑弥呼　③聖徳太子　④大化の改新　⑤壬申の乱　⑥三世一身の法
⑦聖武天皇　⑧空海　⑨菅原道真　⑩白河　⑪源頼朝　⑫吉田兼好　⑬北条時宗
⑭足利尊氏　⑮足利義満　⑯応仁の乱　⑰種子島　⑱フランシスコ・ザビエル
⑲長篠の戦い　⑳刀狩令　㉑徳川家康　㉒出島　㉓徳川吉宗　㉔ペリー
㉕徳川慶喜　㉖西南戦争　㉗日清戦争　㉘日英同盟　㉙日露戦争
㉚対華21ケ条の要求　㉛米騒動　㉜関東大震災　㉝満州事変　㉞5・15事件
㉟真珠湾攻撃　㊱ポツダム宣言　㊲日ソ共同宣言　㊳東京オリンピック
㊴石油ショック　㊵日中平和友好条約

１．２．日本史（実践★★）

問　（　）に適語を入れなさい。

538 年	・この年に仏教が朝鮮半島の（①　　　）から伝わったとされる。
701 年	・藤原不比等らによって（②　　　）が完成され律令体制の基盤となった。
1016 年	・（③　　　）が摂政となって摂関政治の全盛時代が築かれ、その後に藤原頼通は宇治に平等院鳳凰堂を建立した。
1167 年	・保元の乱（1156 年）や平治の乱（1159 年）などにより権力を握った（④　　　）は、太政大臣となって平氏政権の全盛を極めた。
1221 年	・後鳥羽上皇らが討幕を目指し（⑤　　　）を起こしたが失敗して配流され、その後に朝廷を監視するため六波羅探題が置かれた。
1297 年	・元寇の影響などによって御家人の窮乏が深刻となり、そのため幕府は（⑥　　　）を出して救済した。
14・15C	・室町文化を代表するのは、（⑦　　　）の水墨画や世阿弥の『花伝書』などで知られる能楽である。
1635 年	・江戸幕府は、武家に対しては武家諸法度や（⑧　　　）が整えた参勤交代制度、農民に対しては五人組や慶安の御触書（1649 年）によって統制した。
17・18C	・江戸時代前期の元禄文化を代表するのは、絵画では尾形光琳や菱川師宣、文学では『奥の細道』の松尾芭蕉や『曽根崎心中』の（⑨　　　）である。
1792 年	・ロシア人の（⑩　　　）が根室に来航し、鎖国中の江戸幕府を驚かせた。
18・19C	・江戸時代後期の化政文化は、絵画では『東海道五十三次』の（⑪　　　）や『富嶽三十六景』の葛飾北斎、国学の本居宣長、解体新書の杉田玄白、日本全国の地図を作製した伊能忠敬など、町人を中心として花開いた。
1837 年	・飢饉からの貧民救済のため、大坂で元町奉行与力（⑫　　　）が乱を起こした。
1860 年	・日米修好通商条約の締結をめぐり安政の大獄で吉田松陰らを処刑した井伊直弼は、（⑬　　　）で暗殺されることになった。
1871 年	・明治政府の方針が五箇条の御誓文で示されると、大久保利通や木戸孝允らによって版籍奉還（1869 年）やそれに続く（⑭　　　）がなされ、1873 年に地租改正や徴兵令も実行されるなど、明治維新は軌道に乗り始めた。
1889 年	・伊藤博文らにより（⑮　　　）が発布され、翌年には初の衆議院議員選挙が行われ第一回帝国議会が開催されたが、そこに至るまでに立憲主義の大隈重信や自由民権運動の板垣退助などの活動もあった。

1894 年	・（⑯　　　　　　　　）らの努力により、不平等条約である治外法権が撤廃された。
1910 年	・（⑰　　　　　　　　）が起き、幸徳秋水らの社会主義者が処刑された。
1911 年	・（⑱　　　　　　　　）らの努力により、不平等条約である関税自主権が回復された。
1937 年	・（⑲　　　　　　　　）をきっかけに、日中戦争は泥沼化していった。
1956 年	・日本は（⑳　　　　　　　　）に加盟し、国際社会に正式に復帰していった。

Tea Break：やる気がでないなと思ったら…

とりあえず座る、とりあえず眺める、とりあえずめくる

やらなければいけないと分かっているのに、どうしてもやる気が出ない。そんなときは、とりあえずどこかに座り、ガイドブックや参考書を見つめてみましょう。または、ペラペラとめくってみましょう。このとき、鉛筆やペンは持たないのがポイントです。これまで解いた問題でも、新しい問題でもかまいませんので、どこかの問題を眺めてみましょう。「あ、分かった！」と思ったら、ペンをもって、どこかに書きましょう。あら、いつの間にか勉強していますね。

➤　合言葉：とりあえず、とりあえず

2．1．世界史（基礎★）

問　（　）に適語を入れなさい。

前3000～ 1500年	• エジプト文明、（①　　　　　　　　　）文明、インダス文明、黄河文明の四大文明が成立し、これらの文明が世界に伝播したと言われている。
前27年	• オクタヴィアヌスが初代皇帝として（②　　　　　　）帝国が成立し、テオドシウス帝の時に東西に分裂（395年）するまで繁栄をした。
375年	• （③　　　　　　）が大移動を開始する。
476年	• ゲルマンの傭兵隊長オドアケルにより（④　　　　　　）帝国が滅亡させられる。
618年	• 隋に代わり（⑤　　　）が中国の統一王朝となる。
1096年	• クレルモンの宗教会議（1095年）における教皇ウルヴァヌス2世の呼びかけで、（⑥　　　　）の遠征が行われることとなった。
1215年	• イギリスにおいて、ジョン王の時代に（⑦　　　　　　）が出され王権が抑制された。
1492年	• マルコ・ポーロの『東方見聞録』などに刺激され大航海時代が始まると、（⑧　　　　　　　　）がアメリカ大陸に到達し、さらにはヴァスコ・ダ・ガマのインド航路発見（1498年）、マゼランらの世界周航（1522年）と続いた。
1517年	• （⑨　　　　　）が行った宗教改革とルネサンスや大航海時代とを合わせて、これらのことが中世から近世へと新しい時代の幕開けをなした。
1688年	• イギリスではピューリタン革命（1642年）を経て（⑩　　　　　）が起き、翌年に権利の章典が出されるなど、エリザベス1世以来の絶対王政は終わった。
1776年	• アメリカは（⑪　　　　　　）を発し、イギリスからの独立を勝ち取った。
1789年	• ブルボン朝（⑫　　　　　）のときヴェルサイユ宮殿に象徴される最盛期を誇ったフランス絶対王政も、フランス革命でルイ16世が処刑され倒れた。
1840年	• 清朝はイギリスとの（⑬　　　　　　　）に敗れ、南京条約（1842年）で香港島などをイギリスに割譲し欧米列強の侵略にさらされ始めた。
1861年	• アメリカでは（⑭　　　　　　）が始まり、その過程でリンカン大統領が奴隷解放宣言（1863年）を出すなどしたため北部の勝利となった。
1911年	• 中国では（⑮　　　　）らによる辛亥革命が起きた。
1914年	• オーストリア皇太子が暗殺される（⑯　　　　　　）事件を契機に第一次世界大戦が勃発し、ヴェルサイユ条約（1919年）でようやく終結した。

1917 年	・ロシアでは（⑰　　　　　　　）の指導でロシア革命が起き、ロマノフ朝は滅亡した。
1929 年	・アメリカのウォール街での株価の暴落を契機に（⑱　　　　　　　）が起き、その後のブロック経済など各国の自国中心経済政策が第二次世界大戦の原因となった。
1939 年	・ドイツの（⑲　　　　　　　）を契機として第二次世界大戦が勃発した。
1990 年	・ブッシュ＝ゴルバチョフによるマルタ会談（1989 年）で東西冷戦は終焉し、この国際情勢下で（⑳　　　　　　　）は統一された。

2. 2. 世界史（実践★★）

問（　）に適語を入れなさい。

前334年	• （①　　　　　　　　　　）大王の東方遠征が始まり、東西融合のヘレニズム文化が生まれた。
313年	• ネロ帝の虐殺などこれまでローマ帝国で迫害されていたキリスト教が、（②　　　　　　　　　）帝によるミラノ勅令で公認された。
1392年	• 倭寇の取り締まりなどで名を挙げた（③　　　　　）が李氏朝鮮を成立させ、この王朝は日韓併合（1910年）まで続いた。
1453年	• 東西ローマの分裂（395年）以来続いた東ローマ（ビザンツ）帝国も、（④　　　　　　　　　）帝国により首都コンスタンティノーブルが陥落させられ滅んだ。
1526年	• インドにおいてバーブルが（⑤　　　　　　）帝国を成立させ、第5代皇帝シャー・ジャハンのとき王妃の墓として築かれたタージ・マハル（17C中頃）はインド・イスラム建築の傑作となった。
1814年	• フランス革命後に登場したナポレオンによって蹂躙されたヨーロッパは、オーストリア外相のメッテルニヒが中心となった（⑥　　　　　　　）会議によって秩序の回復に至った。
1851年	• 中国では洪秀全によって（⑦　　　　　　　　）が起こされ、滅満興漢のスローガンのもと各地で改革・破壊が行われた。
1857年	• ヨーロッパではクリミア戦争（1853年）が起き、インドでは（⑧　　　　　　　　）が起きるなど、この頃は世界的に混乱の時期であった。
1871年	• ヴィルヘルム1世がドイツ帝国を成立させ、宰相（⑨　　　　　）の手腕などでドイツが台頭することになった。
1921年	• 第一次世界大戦の終結後、（⑩　　　　　）会議が開催されて軍縮が話し合われ、その後のパリ不戦条約（1928年）、ロンドン軍縮会議（1930年）などと、つかの間の国際協調の時代が実現した。

解答

①アレクサンドロス　②コンスタンティヌス　③李成桂　④オスマン・トルコ
⑤ムガール（ムガル）　⑥ウィーン　⑦太平天国の乱　⑧シーパーヒー（セポイ）の反乱
⑨ビスマルク　⑩ワシントン

3．1．地理（基礎★）

問1．地理を学ぶための基礎事項について（　）に適語を入れなさい。

① 東経 135 度（明石）を標準時とする日本が2月11日の午前10時なら、ロンドンは2月（　　日　　　　時）である。

② 航海図に利用され、日本の教室によく掲示されている世界地図は（　　　　　）図法である。

③ 国土地理院発行の5万分の1の地形図では、1kmは（　　　）cmで表される。

④ 5万分の1の地形図では、等高線のうち主曲線は（　　　）mごとに引かれる。

⑤ 5万分の1の地形図で表された8cm²の実際の面積は（　　　）km²である。

⑥ 地形図において、果樹園の地図記号は（　　　）である。

⑦ 河川の運搬作用で土砂が河口に堆積してできた平地は（　　　　）と呼ばれる。

⑧ 河川の運搬作用で、土砂が山間部から低地に出たところに堆積してできた平地は、（　　　　　）と呼ばれる。

⑨ 山口県の秋吉台などに見られ、地層に含まれる石灰岩が雨で溶かされてできた地形は、（　　　　　）と呼ばれる。

⑩ 山地から吹き降ろされる高温乾燥の風は（　　　　）と呼ばれる。

解答

問1　①11日午前1時（参考までに、2月11日は建国記念日）　②メルカトル　③2
　　　④ 20　　　⑤ 2　　　⑥ ○　⑦三角州　　⑧扇状地　⑨カルスト　⑩フェーン

解説

① 地球は一日（24時間）で一回転（360度）するので、360度÷24時間により経度が15度で一時間の時差がある。東経135度の標準時から西に行く場合、15度ごとに一時間時計を遅らせる。東に行く場合は15度ごとに一時間進め、経度180度のあたりにある日付変更線をまたぐとき、日付を一日前に戻す。この作業によって、西から考えても東から考えても日時は一致する。ロンドンの場合は経度0度なので、西に行く方法で考えるなら、135度÷15度＝9時間となり午前10時から9時間戻すと2月11日の午前1時になる。東に行く方法なら225度÷15度＝15時間となり、時計を15時間進めると同時に日付を一日戻すと同じく2月11日午前1時となる。

③と⑤　両問題とも5万分の1なので、1cmを0.5kmとして考える。

問2．日本地理について（　）に適語を入れなさい。

① 日本の面積は約 38 万㎢であり、人口は約（　　　　）億人であるので、人口密度はおよそ 330 人となる。

② 日本の国土のおよそ（　　　　）%は山地であり、平野はすべて沖積平野である。

③ 日本周辺のおもな海流は、太平洋側の暖流である（　　　　　　　）と寒流である千島海流、日本海側の暖流である対馬海流と寒流であるリマン海流からなる。

④ 暖流と寒流がぶつかるところは（　　　　　）と呼ばれ、良い漁場となっている。

⑤ 日本の気候は多様であるが、夏に高温多雨で冬は乾燥となるのは東京や名古屋などの（　　　　　　　　　　）気候である。

⑥ 三陸や三重県南部の海岸は（　　　　　　）と呼ばれる地形であり、良い港となるため漁港として栄えるが津波には注意が必要である。

⑦ 日本列島は（　　　　　　　）造山帯やプレートの境界上にあるため火山や地震の災害にさらされるが、美しい景色や温泉に恵まれている。

⑧ サツマイモの生産が日本一なのは鹿児島県、小麦やジャガイモが日本一なのは北海道であるが、ブドウの生産が日本一であるのは（　　　　　）県である。

⑨ 東海、倉敷、福山、北九州、君津と言えば、日本の代表的な（　　　　　）都市である。

⑩ 銚子、焼津、長崎、釧路、境港と言えば、日本の代表的な（　　　　）都市である。

⑪ 九州の南部に存在し火山灰の降り積もってできた地形は（　　　　）台地と呼ばれる。

⑫ 木曽三川の河口などに見られる堤防で囲まれた低地は（　　　　）と呼ばれる。

⑬ 関東地方をおおう赤土のことは（　　　　　　）層と呼ばれる。

⑭ ロシアとの間で問題となる北方領土とは、（　　　　）、択捉、歯舞、色丹の四島である。

解答

問2　①1.25　②75　③日本海流（黒潮）　④潮目　⑤太平洋岸気候（温暖湿潤気候）　⑥リアス式　⑦環太平洋　⑧山梨　⑨鉄鋼　⑩漁業（漁港）　⑪シラス　⑫輪中　⑬関東ローム

⑭国後（クナシリと読む、なお択捉はエトロフ、歯舞はハボマイ、色丹はシコタンと読む）

問3. 世界地理について（　）に適語を入れなさい。

① ロンドンやパリなどの西岸海洋性気候が高緯度の割に温暖な理由は、沖を流れる強い暖流である北大西洋海流と、それに暖められた大気を運ぶ（　　　　　）のためである。

② 夏に高温乾燥である地中海性気候は、地中海沿岸以外にも南アフリカのケープタウン、オーストラリアのパース、チリのサンチアゴ、米国の（　　　　　　　）州で見られる。

③ ノルウェー沿岸などに見られる氷河の浸食でできた険しい地形は（　　　　　　　）と呼ばれる。

④ シベリアに見られる針葉樹林は（　　　　）と呼ばれる。

⑤ 小麦とコメは世界二大作物であり、小麦の輸出量世界一はアメリカ合衆国、コメの輸出量世界一は（　　　　）となっている。

⑥ 南アフリカ共和国で行われてきた人種隔離政策は（　　　　　　　）と呼ばれる。

解答

問3　①偏西風　②カリフォルニア　③フィヨルド　④タイガ
　　　⑤タイ（年度によってはインドの場合もある）　⑥アパルトヘイト

Tea Break：こんな勉強方法も…

【時間の有効活用編】お風呂に持ちこむ
ルーズリーフや裏紙等に、頭に入れたい内容を書きこみます。そして、覚えるまでお風呂から出ない覚悟で、その紙を熟読します。欲張りすぎず、確実に覚えられる分量を見極めて、持ちこむ紙を作成してください。

3. 2. 地理（実践★★）

問　（　　）に適語を入れなさい。

① 東経 135 度（明石）を標準時とする日本が 8 月 15 日の午前 10 時なら、サマータイム実施中の西経 120 度のロサンゼルスは 8 月（　　日　　　　時）である。

② 航空図に利用され、国連旗の世界地図にも利用されているのは（　　　　　　）図法である。

③ インドのカルカッタやベトナムのホーチミンなどに見られる、雨季と乾季が明瞭な亜熱帯気候は（　　　　）気候と呼ばれる。

④ 日本の四季は、小笠原気団、揚子江気団、オホーツク気団、（　　　　　　）気団の四つの気団の影響をそれぞれの季節に受けて織りなされる。

⑤ 茶の生産が日本一なのは静岡県、ミカンが日本一なのは和歌山県であるが、落花生の生産が日本一であるのは（　　　　）県である。

⑥ 香川県にあり水不足対策としてため池が多く存在するのは（　　　　）平野である。

⑦ 三重県にあり真珠の養殖地として有名なのは（　　　　）湾である。

⑧ オランダのライン川やマース川の河口の海面下地域などに見られる干拓地は（　　　　）と呼ばれる。

⑨ 乾燥地域に見られる水の確保の工夫として、オーストラリアでは大鑽井盆地での掘り抜き井戸、西アジアのイランでは地下水路である（　　　　　　）が見られる。

⑩ 世界でも重要な穀倉・牧畜地帯として、北米大陸中央のプレーリーや黒海の北のウクライナなどがあり、他にはアルゼンチンの（　　　　　　）と呼ばれる草原地帯もある。

解答

①14 日午後 6 時　②正距方位　③サバナ　④シベリア　⑤千葉　⑥讃岐　⑦英虞
⑧ポルダー　⑨カナート　⑩パンパ

解説

① 基礎編の解説をまず理解しよう。その上で、日本の標準時である東経 135 度から考えてロサンゼルスとの経度差は東回りで考えると 105 度。よって、105 度÷15 度＝7 時間となり、時計を 7 時間進め、日付変更線をまたぐため一日戻す。また、ロサンゼルスはサマータイム中だから一時間進めるので、8 月 14 日午後 6 時になる。日本にはない 1 時間進めるというサマータイムに気を付けよう。

4．1．政治（基礎★）

問　（　　）に適語を入れなさい。

① 日本国憲法は昭和 21 年 11 月 3 日に公布され、翌年（　　月　　日）に施行された。

② 日本国憲法の三基本原則とは、国民主権、平和主義、（　　　　　　　　　）である。

③ 国民主権を実現するための仕組みである三権分立は、『法の精神』を著したフランスの
（　　　　　　　　）が展開した思想の影響が大きい。

④ 三権分立といった場合の三権とは、国会にある立法権、内閣にある（　　　　　　）、裁
判所にある司法権のことである。

⑤ 天皇の地位については、日本国憲法第 1 条に「天皇は、日本国の象徴であり日本国民統合の
象徴であつて、この地位は、（　　　　）の存する日本国民の総意に基く」とされている。

⑥ 日本国憲法第 7 条では、天皇が「国会召集」「衆議院の解散」などの国事行為を行うには
内閣の（　　　　　　　）が必要とされるので、天皇の意思による政治は行われない。

⑦ 日本国憲法第 11 条は「国民は、すべての基本的人権の享有を妨げられない。この憲法が
国民に保障する基本的人権は、侵すことのできない（　　　　）の権利として、現在及び
将来の国民に与へられる」とし、基本的人権を規定している。

⑧ 日本国憲法第 12 条は「この憲法が国民に保障する自由及び権利は、国民の不断の努力に
よつて、これを保持しなければならない。又、国民は、これを濫用してはならないのであ
つて、常に（　　　　　　　　）のためにこれを利用する責任を負ふ」とし、基本的人権を
維持するための努力とその行使への制約を国民に求めている。

⑨ 日本国憲法第 14 条は「すべて国民は、（　　　　）に平等であつて、人種、信条、性別、
社会的身分又は門地により、政治的、経済的又は社会的関係において、差別されない」とし、基本的人権のうちの平等権について保障している。

⑩ 日本国憲法第 25 条は「すべて国民は、健康で文化的な（　　　　　　）の生活を営む権
利を有する」とし、生存権を保障している。

解答

①5月3日　②基本的人権の尊重　③モンテスキュー　④行政権　⑤主権　⑥助言と承認　⑦永久
⑧公共の福祉　⑨法の下　⑩最低限度

⑪ 基本的人権の保障に対応し、国民は「その保護する子女に（　　　　　　）を受けさせる義務（憲法 26 条）」「勤労の義務（憲法 27 条）」「納税の義務（憲法 30 条）」の三大義務を負うとしている。

⑫ 日本国憲法第 9 条は、戦争放棄、戦力不保持、国の（　　　　　　）を認めずと定めている。

⑬ 憲法改正については、日本国憲法第 96 条に「この憲法の改正は、各議院の総議員の 3 分の 2 以上の賛成で、国会が、これを発議し、国民に提案してその承認を経なければならない。この承認には、特別の（　　　　　　）又は国会の定める選挙の際行はれる投票において、その過半数の賛成を必要とする」とある。

⑭ 三権分立を実質化するために司法・立法・行政が相互に抑制と均衡（チェック＆バランス）する仕組みになっており、そのため行政の中心である内閣は立法に対して衆議院を解散させたり、司法は立法に対して（　　　　　　　　　）の行使をしたりする。

⑮ 日本国憲法第 41 条は「国会は、国権の（　　　　　　　）であつて、国の唯一の立法機関である」と定めており、三権の中でも国民の選挙で選ばれた議員からなる立法機関としての国会を重視している。

⑯ 国会の種類は、毎年 1 月に召集される通常国会、衆議院解散後 40 日以内の総選挙を経て 30 日以内に召集される（　　　　　　　　）、内閣や議員が必要と認めたとき召集される臨時国会などがある。

⑰ 選挙制度は（　　　　　　　）で定められており、2015 年より選挙権は 18 歳以上に改められた。

⑱ 衆議院の優越は、法律案の議決、（　　　　）の先議権、条約の承認、内閣総理大臣の指名などで認められている。

⑲ 衆議院の優越が認められているのは、参議院より任期が短いこと、解散があることで、（　　　　　）という民意を問う機会に多くさらされていることである。

⑳ 日本国憲法第 69 条は「内閣は、衆議院で不信任の決議案を可決し、又は信任の決議案を否決したときは、10 日以内に衆議院が解散されない限り、（　　　　　）をしなければならない」としており、衆議院の解散はこの 69 条を根拠とするか、7 条の天皇の国事行為を根拠とするかのどちらかの手続きで行われる。

解答

⑪普通教育　⑫交戦権　⑬国民投票　⑭違憲立法審査権　⑮最高機関　⑯特別国会（特別会）

⑰公職選挙法　⑱予算　⑲選挙　⑳総辞職

㉑ 日本の内閣はイギリスのように国会の信任で成り立つ（　　　　　　　）制であり、アメリカのような国民の選挙で成り立つ大統領制ではない。

㉒ 内閣総理大臣は、国会の指名に基づき（　　　　　）が任命する。

㉓ 中央省庁のうち、教育・科学技術・学術・文化・スポーツの推進は文部科学省、行政組織の監察・地方公共団体との連携や指導・郵政事業などは（　　　　　）省である。

㉔ 日本国憲法第 76 条は「すべて裁判官は、その（　　　　　）に従ひ独立してその職権を行ひ、この憲法及び法律にのみ拘束される」とし、司法権の独立を保障している。

㉕ 裁判所は、最高裁判所、高等裁判所、（　　　　　）、家庭裁判所、簡易裁判所からなる。

㉖ 最高裁判所において、長官は内閣の指名により天皇が任命し、その他の裁判官は内閣が任命するが、各裁判官は在職後の直近及びその後 10 年経過ごとに行われる衆議院議員総選挙の際に（　　　　　）を受けなければならない。

㉗ 裁判は一事不再理であり誤審や冤罪などを避けるため三審制となっており、一審の判決に不服であれば（　　　　　）でき、さらに二審の判決にも不服であれば上告できる。

㉘ 地方自治の本旨とは、（　　　　　　）と団体自治とからなる。

㉙ 地方公共団体が制定する条例について住民は制定や改廃の要求ができるが、これは（　　　　　）と呼ばれ、リコール・レファレンダムと並ぶ住民の直接請求権である。

㉚ イギリス人のブライスが「地方自治は（　　　　　　）である」であると言ったように、地方自治は民主主義を実感しやすい政治の仕組みである。

解答

㉑議院内閣　㉒天皇　㉓総務　㉔良心　㉕地方裁判所　㉖国民審査　㉗控訴　㉘住民自治

㉙イニシアティブ　㉚民主主義の学校

解説

㉗　一事不再理とは、一度結審した裁判をもう一度やり直すことはないということ。ただし、再審するに値する確かな新証拠が判明し、裁判を行うと被告人に有利な判決が出る可能性のある場合には再審請求によって裁判やり直しもある。三審制とは、判決が最終的に出るまでに、被告・原告双方に三度裁判をする権利がある制度のこと。

4．2．政治（実践★★）

問　（　）に適語を入れなさい。

① 自衛隊を指揮・監督する安全保障会議の構成員である内閣総理大臣や国務大臣は（　　　　）でなければならず軍人であってはならないとするのはシビリアン・コントロールのためであり、非核三原則（核を持たず、作らず、持ち込ませず）なども含め、これらの仕組みや理念が日本の平和主義を維持している。

② 三権分立を実質化するために司法・立法・行政が相互に抑制と均衡（チェック＆バランス）する仕組みになっており、そのため立法機関である国会は、行政に対して内閣総理大臣の指名・内閣不信任の決議・（　　　　　　）を行い、司法に対しては裁判官の弾劾裁判を行うことができる。

③ 衆議院の被選挙権は 25 歳以上、任期は 4 年、選挙は比例代表制と（　　　　　　）制であり、参議院の被選挙権は 30 歳以上、任期は 6 年、選挙は比例代表制と選挙区制である。

④ 比例代表制における各党への議席配分はドント式と呼ばれる方法でなされるが、仮に各党の得票数が A 党 8000 票、B 党 6000 票、C 党 3000 票、D 党 2000 票だった場合に、6 議席を配分するなら A 党は（　　）議席を獲得することになる。

⑤ 諸外国の政治制度は大きく分けて議院内閣制（日本、イギリスなど）と大統領制（アメリカ、フランスなど）があるが、議院内閣制は責任内閣制とも呼ばれイギリスの（　　　　　　）によって 18 世紀前半に始められた。

⑥ 基本的人権のうちの自由権については、（　　　　）及び良心の自由（憲法 19 条）、信教の自由（憲法 20 条）、集会・結社・表現の自由（憲法 21 条）、居住・移転及び職業選択の自由（憲法 22 条）、学問の自由（憲法 23 条）などがある。

⑦ 新しい人権と言われるものには、主権者として判断するための（　　　　　　）、環境権、プライバシー権、知的所有権、肖像権などがある。

⑧ 国会は唯一の立法機関とされるが実際の立法においては物理的に不可能なため、内閣や省庁による政令や省令、地方公共団体による条例などがあり、国会以外の諸機関が立法することは国会による（　　　　　　）と呼ばれる。

⑨ 裁判の対象とする事案には刑事事件と民事事件があり、刑事事件の場合の原告は（　　　　　　）であり、被告は被疑者となる。

⑩ （　　　　　　　　　　）というのは犯罪や刑罰は法律で定めることを意味し、法治国家では法律のないところに犯罪や刑罰は成立しないため、事案発生の後からできた事後法で遡って事案を裁く遡及処罰はできないとされる。

解答
①文民　②国政調査（国勢調査ではないので注意）　③小選挙区　④3
⑤ウォルポール　⑥思想　⑦知る権利　⑧委任立法　⑨検察官　⑩罪刑法定主義

第5節　経済

5．1．経済（基礎★）

問　（　　）に適語を入れなさい。

① 三大経済学者と言えば、『国富論（諸国民の富）』を著した（　　　　　　　　）、『資本論』
　を著した（K・）マルクス、『雇用・利子及び貨幣の一般理論』を著した（J・M・）ケイ
　ンズであり、これらの経済学者の理論は実際の経済活動に大きな影響を与えた。

② 経済循環は、不況・回復・好況・（　　　）の四つの局面の順をたどる。

③ 家計の生活水準を示す指標であるエンゲル係数について、ある家計において総消費額が
　40万円、飲食費が10万円なら、この家計のエンゲル係数は（　　　）である。

④ 市場（均衡）価格は、需要と（　　　）が一致したところに決まるとされる。

⑤ 寡占市場における価格は、有力な企業が設定した価格に他企業が追従することで決まると
　されるが、このような有力な企業は（　　　　　　　）と呼ばれる。

⑥ 物価が上がり貨幣価値が下がる経済現象は（　　　　　　　　）と呼ばれる。

⑦ 一般的に不況の時には物価が下がるが、1973年に起きた第一次石油ショックの時に典
　型的に見られた不況なのに物価が上がる経済現象は（　　　　　　　　　）と
　呼ばれる。

⑧ 異業種の企業合併はコンツェルン、同業種の企業合併は（　　　　　）、企業間による
　価格などの協定をカルテルと呼び、いずれも独占や寡占を招きやすい。

⑨ 中央銀行である日本銀行の三つの役割とは、銀行の銀行・政府の銀行・（　　　　　）で
　あり、このことが一般銀行とは異なる。

⑩ 日本銀行の役割である金融政策には公定歩合操作・預金準備率操作・（　　　　　　　）
　の三つの方法があるが、公定歩合操作は現在では行われていない。

解答

① （A・）スミス　②後退　③0.25　④供給　⑤プライス・リーダー

⑥インフレーション　⑦スタグフレーション　⑧トラスト　⑨発券銀行

⑩公開市場操作（オープン・マーケット・オペレーション）

⑪ 財政政策には歳入と歳出を通して景気過熱や不況のための対策が自動的になされる仕組みが備わっているが、このような仕組みの役割は（　　　　　　　　　　　　）と呼ばれる。

⑫ 所得税などの税率は所得の多い人ほど高くなっているが、このような租税の仕組みは（　　　　　　　）と呼ばれる。

⑬ 国の歳入や歳出である一般会計は一年間で約（　　　）兆円であり、税収などで賄いきれない場合に発行してきた国債などの累積債務は1000兆円に達する。

⑭ 地方公共団体の財政における歳入には、地方税の他に国からの（　　　　　　　）や国庫支出金などがある。

⑮ 貿易・投資・援助など、国と諸外国とのお金のやり取りは（　　　　　　）と呼ばれる。

⑯ 諸外国とのお金のやり取りによって蓄積されてきた黒字は（　　　　　　）と呼ばれる。

⑰ 現在の為替レートは、1米ドル当たり約（　　　）円である。

⑱ 一国内における総生産額は（　　　　　　　）と呼ばれ、その国の経済規模や経済成長の動向を示す指標となっており、日本のそれはアメリカ・中国に次ぎ世界第3位である。

⑲ 独占禁止法により独占を監視する機関として（　　　　　　　　　　　　）がある。

⑳ 直接税のうち市町村税には、（　　　　　）税や市町村民税などがある。

解答

⑪ビルトイン・スタビライザー　⑫累進課税制度　⑬100　⑭地方交付税交付金

⑮国際収支　⑯外貨準備　⑰110　⑱国内総生産（GDP）　⑲公正取引委員会

⑳固定資産

5．2．経済（実践★★）

問　（　）に適語を入れなさい。
① 経済学者のうち、貿易の大切さの根拠である比較生産費説を唱えたのは（　　　　　）で
　あり、農業の大切さを唱えたのは重農主義者のF・ケネーである。
② 1929 年に起きた世界恐慌から脱出するためにアメリカのF・ルーズヴェルト大統領が行
　ったニュー・ディール政策は、経済学者（　　　　　　　）の有効需要の創出という理論
　を参考にしたと言われる。
③ 日本において「失われた 20 年」と呼ばれるバブル崩壊以降 20 年続いた不況は、需要の
　低下→物価の下落→企業の不況→賃金の低下→需要の低下を繰り返す（
　　　　　　）という経済現象から長く抜け出すことができなかったことにより起きた。
④ 企業には公企業と私企業があるが、私企業には株式会社の他に経営に対し無限責任社員と
　有限責任社員とからなる（　　　　　　　）などがある。
⑤ 金融政策において、不況対策として行う公開市場操作（オープン・マーケット・オペレー
　ション）は（　　　　　　　　　　）である。
⑥ 財政政策における不況対策として、歳入である税金については（　　　）があり、歳出に
　ついては公共投資の増大などがある。
⑦ 預金の種類のうち、低利子であるが出し入れ自由なのは普通預金、小切手や手形を使用す
　る場合に必要とされるのは（　　　　　）である。
⑧ 戦後の為替レートの変化の概要は固定為替相場制から変動為替相場制への移行となるが、
　その転換点は 1971 年の（　　　　　　　　）を契機とするスミソニアン合意を経
　た 1973 年 2 月 14 日である。
⑨ 国民所得とは、国民総生産－減価償却費－間接税＋（　　　　　）で求められる。
⑩ 国民所得の（　　　　　　）の原則とは、生産国民所得＝分配国民所得＝支出国民所得の
　ことであり、国民所得を多面的に把握することで有効な経済政策を実施するための情報を
　得ることができる。

解答

① （D・）リカード　②（J・M・）ケインズ　③デフレ・スパイラル　④合資会社
⑤買いオペレーション（買いオペ）　⑥減税　⑦当座預金　⑧ニクソン・ショック
⑨補助金　⑩三面等価

6．1．国際関係（基礎★）

問　（　　）に適語を入れなさい。

① 17 世紀になって国家という概念が意識されるようになる中、（　　　　　　　　）は『戦争と平和の法』『海洋自由論』を著すなど、国際平和を維持するのに貢献し「国際法の父」と呼ばれた。

② 国家というのは国民・領土・（　　　）の三つの要素からなるとする国家三要素説を主張したのは、ドイツの法学者Ｇ・イエリネックである。

③ 1945 年 10 月の国際連合成立に向けてサンフランシスコで作成された（　　　　　　　　　　）は、今日では国連の理念であり国際法の最高法規として平和と安全の維持の役割をはたしている。

④ 国際連合は総会や安全保障理事会などから成り立つが、安全保障理事会の常任理事国である米・ロ・中・英・仏は１ヶ国で否決できる（　　　　　　　　　）などの権限を持つ。

⑤ 国際連合において国際紛争の法的解決の役割をはたす（　　　　　　　　　　　　）は、オランダのハーグに置かれている。

⑥ 国際連合の（　　　　　　　　　　　　　　　）は、教育・科学・文化の発展を通して国際平和に寄与する専門機関であり、世界遺産などについても取り扱う。

⑦ 戦後の国際経済を安定させるために構築された（　　　　　　　　　）体制は、為替の安定を図る「国際通貨基金（IMF）」と戦後の復興開発を援助する「国際復興開発銀行（IBRD、世界銀行とも呼ばれる）」からなる。

⑧ 貿易の自由化を促進し国際経済の発展を目指して戦後に成立した「関税及び貿易に関する一般協定（GATT）」は、1995 年より（　　　　　　　　　）と改称しその役割は一層強化された。

⑨ 国際連合の重要な機関である（　　　　　　　　　）は、北半球に多い先進国と南半球に多い開発途上国との経済格差をめぐる南北問題を解決する役割をはたしている。

⑩ 日本にとって大切な経済協力のための経済圏として、日本が直接加盟する環太平洋経済連携協定（TPP）やアジア太平洋経済協力会議（APEC）、日本がオブザーバーとなっているタイやインドネシアなど 10 ケ国からなる（　　　　　　　　　　　　）などがある。

解答

① （H・）グロティウス　②主権　③国際連合憲章　④（大国）拒否権

⑤国際司法裁判所　⑥国連教育科学文化機関（UNESCO）　⑦ブレトン・ウッズ

⑧世界貿易機関（WTO）　⑨国連貿易開発会議（UNCTAD）　⑩東南アジア諸国連合（ASEAN）

⑪ 1957年に6ケ国により成立したヨーロッパ経済共同体（EEC）は、今日では統一通貨をユーロとする巨大経済圏（　　　　　　　　　）となって世界経済に大きな影響力を持つが、イギリスの離脱をめぐる混乱もある。

⑫ 約35の先進国で構成される（　　　　　　　　　　　）は、開発途上国への援助を主な役割とするが、国際学力比較調査（PISA）なども行っている。

⑬ 戦後の米ソによる東西冷戦構造下において、西側諸国の（　　　　　　　　　　）と東側諸国のワルシャワ条約機構という軍事同盟による対立は、世界を軍事的脅威にさらす恐怖の軍事的均衡をになった。

⑭ 資源ナショナリズムに目覚めた国際石油資本（メジャー）による石油支配から産油国の利益を守るために1960年に設立された（　　　　　　　　　　　）は、石油の生産量や価格の調整を行うなど石油市場に大きな支配力を持っている。

⑮ 日本にとって二大石油輸入国は、サウジアラビアと（　　　　　　　　　　）である。

⑯ 日本の貿易相手国において、輸出量ではアメリカ・中国・韓国、輸入量では中国・アメリカ・オーストラリアが主要な国になっているが、日本にとって最大の貿易黒字を生み出している相手国は（　　　　　　）である。

⑰ 戦後4回行われてきたユダヤ人とアラブ人のパレスチナの地をめぐる戦争は（　　　　　　　　）と呼ばれ、石油への影響も含め世界の平和を脅かす国際紛争となってきた。

⑱ 核軍縮の歴史において、1968年の核拡散防止条約（NPT）、1972年の米ソ戦略兵器制限交渉（SALT）、1991年の戦略兵器削減条約（START）などがあるが、近年アメリカとロシアが双方ともに脱退したのは、1987年に結ばれた（　　　　　　　　　）である。

⑲ COPと称されるものには気候変動枠組条約と（　　　　　　　）条約があり、2010年に名古屋で開催されたCOP10は後者である。

⑳ 今日の米中二大国はいずれも自国中心主義の政策を採る傾向があり、アメリカのD・トランプ大統領によるパリ協定からの離脱、中国の（　　　　　）国家主席による一帯一路政策による膨張主義は、世界から懸念される政策となっている。

解答

⑪欧州連合（EU）　⑫経済協力開発機構（OECD）

⑬北大西洋条約機構（NATO）　⑭石油輸出国機構（OPEC）　⑮アラブ首長国連邦

⑯アメリカ　⑰中東戦争　⑱中距離核戦力全廃条約（INF）　⑲生物多様性　⑳習近平

6．2．国際関係（実践★★）

問　（　）に適語を入れなさい。

① 国際連合は総会・安全保障理事会・経済社会理事会・信託統治理事会と事務局などからなるが、現在ポルトガル人の（　　　　　　　）が務める事務局の長は事務総長と呼ばれ国連のトップとされる。

② 国際連合の（　　　　　　）は戦前の国際連盟の時代から置かれているが、国際的に労働問題などの解決を図るための専門機関である。

③ 国際連合には人々の生活水準の向上や健康の増進を図るための専門機関として、食糧生産の面からは国連食糧農業機関（FAO）があり、健康・衛生面からは（　　　　　　）がある。

④ 国際連合には原子力の平和利用を目的とした（　　　　　　　　）と呼ばれる専門機関があり、北朝鮮の金正恩氏に核放棄させるためにはこの機関による査察が不可欠である。

⑤ 北アメリカにあるアメリカ・カナダ・メキシコの密接な経済関係を支えてきた経済圏は（　　　　　　　　　）と呼ばれるが、近年のアメリカ大統領D・トランプ氏の自国中心政策で関係がギクシャクしている。

⑥ 毎年開催される主要国首脳会議はサミットと呼ばれるが、その七つの構成国は日本・アメリカ・ドイツ・イギリス・フランス・イタリア・カナダであり、ドイツの（　　　　）首相、イギリスのジョンソン首相、フランスのマクロン大統領など国家元首が一同に会する大切な機会となっている。

⑦ 第二次大戦終了後も、朝鮮戦争、ベトナム戦争、イラン・イラク戦争、湾岸戦争、アフガン戦争など多くの戦争があり、また戦争ではないが 2001 年にはアメリカのニューヨークで（　　　　　　　）が起きるなど、戦後も必ずしも平和であったとは言えない。

⑧ 領土問題は容易に戦争に発展するものであり、1982 年にはイギリスとアルゼンチンの間で領土をめぐり（　　　　　　）戦争が起きた。

⑨ 日本の安倍晋三首相とロシアのプーチン大統領による北方領土交渉に期待がかかるが、1956 年の（　　　　　　）締結で約束された歯舞・色丹の 2 島返還ですらその実現が難しい状況にある。

⑩ 各国からの開発途上国への政府開発援助（ODA）はリーマンショックの不況などによりどの国の国家財政も厳しく不充分な状況において、（　　　　　　）と呼ばれる新たな貿易の在り方を通しての開発途上国支援が意識されるようになってきている。

解答

① （A・）グテーレス　②国際労働機関（ILO）　③世界保健機関（WHO）

④国際原子力機関（IAEA）　⑤北米自由貿易協定（NAFTA）　⑥メルケル

⑦9.11 同時多発テロ　⑧フォークランド　⑨日ソ共同宣言　⑩フェアトレード

7．1．倫理・思想（基礎★）

問1.（　　）に人物名を入れなさい。

① 古代ギリシャで民主主義の本質を説き「無知の知」などを唱えたのは（　　　　　　）である。

② 『国家（論）』で国家の在り方を唱え、アテネに学問の中心となったアカデミア学園を創設したのは（　　　　　）である。

③ 神学と哲学を合一させる理論を打ち立て、『神学大全』を著してスコラ哲学を完成させたのは（　　　　　　　　）である。

④ 「煩悩の多い悪人こそ阿弥陀如来に救われるべき」とする悪人正機説を唱え、浄土真宗を起こしたのは（　　　　）である。

⑤ 『市民政府二論』を著し、名誉革命やフランス革命などの理論的背景としての役割をはたした「革命権」を唱えたのは（　　　　　　）である。

⑥ スイスの教育学者（　　　　　　　）は、『隠者の夕暮れ』を著すなど優れた教育論や教育実践を残した。

⑦ 「最大多数の最大幸福」を唱えた功利主義者とは（　　　　　）である。

⑧ 国学の研究を究め、『古事記伝』を著したのは（　　　　　）である。

⑨ 『種の起源』を著し、これまで人間を神の創造物としてきた中世のキリスト教的宗教観と真っ向から対立する進化論を唱えたのは（　　　　　）である。

⑩ マルクス・レーニン主義を唱え、1949 年に中華人民共和国を建国したのは（　　　）である。

解答

問1　①ソクラテス　②プラトン　③トマス・アクィナス　④親鸞　⑤（J・）ロック
　　　⑥ペスタロッチ　⑦ベンサム　⑧本居宣長　⑨ダーウィン　⑩毛沢東

問2. 各文は何について説明しているかを考え、（　　　）に適語を入れなさい。

① 古代ギリシャにおいて弁論術などの処世術を教えた職業的教師：（　　　　　）

② 中国の孔子の教えをまとめた書物：（　　　　　）

③ 中国の孟子によって唱えられた「人間は生まれながらにして善である」とする考え方：
（　　　　　）

④ 老子の無為自然や荘子の逍遥遊によって唱えられた、自然で自由に生きることが大切だとする考え方の総称：（　　　　）

⑤ ホッブスやルソーなどが唱えた国家形成の在り方やその存在意義についての国家観：
（　　　　　）

⑥ 石田梅岩が起こした「町人の生き方」などについての学問：（　　　　　）

⑦ 吉野作造が唱えた「政治は民衆の意向に基づくべきだ」とする考え方：（　　　　）

⑧ ヤスパースやサルトルらに代表される「人間の存在を対象とし、その生き方を考える」哲学の在り方：（　　　　）

⑨ 辛亥革命の中心となった孫文が唱えた三民主義は、「民族」「民権」ともう一つは（　　　）

⑩ 『民主主義と教育』を著したデューイが唱えた、実際の生活において体験・経験することが重要だとする哲学的手法：（　　　　　）

解答

問2　①ソフィスト　②論語　③性善説　④老荘思想　⑤社会契約説　⑥心学
　　　⑦民本主義　⑧実存主義　⑨民生　⑩プラグマティズム

Tea Break：こんな勉強方法も…

【時間の有効活用編】自分で録音して移動時間に聞く
目が疲れてきた時は、頭に入れたい内容を自分で読み上げて録音し、移動時間に聞きましょう。自分の声を聞くのは少し恥ずかしいですが、口に出して覚え、聞いて覚えることで記憶に定着します。
なお、上級者は歌にして録音するそうです。特に日本史や古典については暗記ソングがたくさん作られているようですので、興味のある人はインターネットで検索してみてください。

7. 2. 倫理・思想（実践★★）

問1.（　　）に適語を入れなさい。

① 古代ギリシャの哲学者で『政治学』などを著し、マケドニアのアレクサンダー大王の家庭教師も務めたのは（　　　　　　　　　）である。

② 中世の時代において最も偉大なキリスト教の教父であり、『告白録』などを著したのは（　　　　　　　　　）である。

③ 平安時代に源信は極楽往生を願い、（　　　　　　　）を著して念仏往生の教えを説いた。

④ 鎌倉時代に道元は（　　　　　　　　）を開き、ひたすら座禅を組むこと（只管打座）を主張した。

⑤ 毛織物工業の発展で農地が囲い込まれ次々と牧羊地となる様を「羊が人間を食い殺している」と表現し、『ユートピア』を著したのは（　　　　　　）である。

⑥ ドイツの哲学者（　　　　）は「批判哲学の祖」とも言われ、ドイツ観念論哲学を打ち立てたり『永久平和論』を著したりした。

⑦ ドイツの文豪であった（　　　　　）は『ファウスト』などの作品を残し、「もっと光を」などの名言を残したとも言われる。

⑧ 中国の陽明学の影響を受けた（　　　　　）は、ルソーの『社会契約論』を翻訳・解釈して『民約訳解』を著した。

⑨ 「神は死せり」という言葉を残したのは（　　　　　）である。

⑩ スウェーデンの教育学者エレン・ケイは児童中心主義や女性運動家としても知られ、代表的著書である『（　　　　　　）』は翻訳され世界中に影響を与えた。

解答

問1　①アリストテレス　②アウグスティヌス　③往生要集　④曹洞宗　⑤トマスモア　⑥カント
　　　⑦ゲーテ　⑧中江兆民　⑨ニーチェ　⑩児童の世紀

問2.（　　）に人物名を入れなさい。

① 「人間は万物の尺度である」という言葉を残したのは（　　　　　　）である。

② 「少年老いやすく、学なり難し」という言葉を残したのは（　　　　　　）である。

③ 「初心忘れるべからず」という言葉を残したのは（　　　　　　）である。

④ 「我思う、ゆえに我あり」という言葉を残したのは（　　　　　　）である。

⑤ 「知は力なり」という言葉を残したのは（　　　　　　）である。

⑥ 「人間は考える葦である」という言葉を残したのは（　　　　　　）である。

⑦ 「自然へ帰れ」という言葉を残したのは（　　　　　　）である。

⑧ 「人民の、人民による、人民のための政治」「40歳を過ぎたら自分の顔に責任を持て」という言葉を残したのは（　　　　　　）である。

⑨ 「少年よ、大志をいだけ」という言葉を残したのは（　　　　　　）である。

⑩ 「天は人の上に人をつくらず、人の下に人をつくらず」という言葉を残したのは（　　　　　　）である。

解答

問2　①プロタゴラス　②朱熹　③世阿弥　④デカルト　⑤フランシス・ベーコン
　　　⑥パスカル　⑦ルソー　⑧リンカン（リンカーン）　⑨クラーク　⑩福沢諭吉

8．1．社会・労働・その他（基礎★）

問　（　　）に適語を入れなさい。

① 日本国憲法第 24 条では、「婚姻は、（　　　　　　　　）のみに基いて成立し、夫婦が同等の権利を有することを基本として、相互の協力により、維持されなければならない」とし、家族生活における両性の本質的平等などを規定している。

② 民法上、親族とは 6 親等以内の血族、配偶者、3 親等以内の姻族とされるが、自分から見て従妹は（　　　）親等となる。

③ 父が死亡し 2000 万円の遺産があったとすれば、母と兄とあなたの 3 人家族である場合に、民法上あなたの遺産相続額は（　　　　　）万円になる。

④ 社会保障制度は、社会保険・（　　　　　　　　）・社会福祉・公衆衛生の四つの柱からなる。

⑤ 1972 年にスウェーデンのストックホルムで開催された国連人間環境会議で採択されたスローガンは、（　　　　　　　　　　）である。

⑥ 1992 年にブラジルの（　　　　　　　　　）で地球サミットが開催され、生物多様性条約や行動計画「アジェンダ 21」などが採択された。

⑦ 1993 年、日本において今日では環境の憲法と言われる（　　　　　　　　）が制定された。

⑧ 今日では、開発するに当たって事前に（　　　　　　　　　）をしっかり行うことになっている。

⑨ 日本国憲法第 28 条が保障する労働三権とは、団結権・団体交渉権・（　　　　　　　　）である。

⑩ 労働三法とは労働基準法・（　　　　　　　　　）・労働関係調整法のことであり、労使関係の健全化や労働条件の改善などにより、経済や産業の発展及び生活水準の向上などを目的としている。

解答

①両性の合意　②4　③500　④公的扶助　⑤かけがえのない地球（Only One Earth）
⑥リオデジャネイロ　⑦環境基本法　⑧環境アセスメント　⑨団体行動権　⑩労働組合法

⑪ 労働三権のうち、教員や保育士などの一般公務員に認められているのは（　　　　　）のみである。

⑫ 労働関係調整法において、労働関係の調整は斡旋・（　　　　　）・仲裁のプロセスで行われる。

⑬ 労働基準法第32条では、原則として労働時間は1週間につき（　　　）時間、1日につき8時間（休憩時間を除く）を超えてはならないとしている。

⑭ 1999年4月に施行された（　　　　　　　　）により、特別な場合を除き性別を採用条件とすることはできなくなった。

⑮ ルネサンスの代表的画家である（　　　　　　　　）は、「モナリザ」「最後の晩餐」などを描いた。

⑯ イタリアのフィレンツェを中心に活躍し、「ダヴィデ像」「最後の審判」などの芸術作品を残したのは（　　　　　　）である。

⑰ フランスの自然派に属するミレーは、「晩鐘」「（　　　　　　）」などの作品を描いた。

⑱ 印象派画家として、「睡蓮」の作者モネや「踊り子」の作者（　　　　）も有名である。

⑲ 「タヒチの女」はゴーギャン、「ひまわり」は（　　　　）が描いた絵画である。

⑳ （　　　　）は、戦争における無差別爆撃に怒りを込めて「ゲルニカ」を描いた。

解答

⑪団結権　⑫調停　⑬40　⑭男女雇用機会均等法　⑮レオナルド・ダ・ヴィンチ
⑯ミケランジェロ　⑰落穂ひろい　⑱ドガ　⑲ゴッホ　⑳ピカソ

8．2．社会・労働・その他（実践★★）

問 （　　）に適語を入れなさい。

① 子どものいない夫婦において夫が 2000 万円を残して死亡した場合、夫の両親はすでに他界しており夫は 5 人兄弟とすると、民法上では配偶者の相続額は（　　　　）万円となる。

② 国連教育科学文化機関（UNESCO）により登録された日本の世界遺産は、北海道の知床、広島県の原爆ドームや厳島神社、群馬県の（　　　　　　　　）など 20 カ所以上ある。

③ 水鳥の生息地などとして国際的に重要だとされる湿地に関するラムサール条約に登録されている湿地が日本には 50 カ所あるが、愛知県には（　　　　　　）と東海丘陵湧水湿地群の二つがある。

④ 生産者には様々な義務や責任があるが、環境については「汚染者負担の原則（PPP）」があり、消費者に対しては PL と言われる（　　　　　　　　）などがある。

⑤ 労働基準法第 56 条は「児童が満（　　）歳に達した日以後の最初の 3 月 31 日が満了するまで、これを使用してはならない」とし、労働者の最低年齢を規定している。

⑥ 日本の近現代における代表的画家として、「悲母観音」の狩野芳崖、「生々流転」の（　　　　　　）、「麗子像」の岸田劉生らがいる。

⑦ 西洋古典派の代表的音楽家として、「フィガロの結婚」「魔笛」の（　　　　　　　）、「田園」「運命」のベートーベンらがいる。

⑧ 西洋前期ロマン派の代表的音楽家として、「ウィリアム・テル」「セビリアの理髪師」のロッシーニ、「別れの曲」「雨だれ」の（　　　　　　）らがいる。

⑨ 西洋後期ロマン派の代表的音楽家として、「ローエングリン」「タンホイザー」のワーグナー、「アルルの女」「カルメン」の（　　　　　　）らがいる。

⑩ 日本の代表的音楽家として、「荒城の月」の（　　　　　　　　）、「春の海」の宮城道雄、「この道」の山田耕筰らがいる。

解答

①1500 ②富岡製糸場 ③藤前干潟 ④製造物責任 ⑤15 ⑥横山大観 ⑦モーツァルト
⑧ショパン ⑨ビゼー ⑩滝廉太郎

解説

①このケースでは、配偶者の相続額が 4 分の 3、兄弟が残りの 4 分の 1 を均分。

	参考書 （ページ指定されている場合は該当ページを解く）	解いた日
1	時事通信出版局編（2018）『教員採用試験　一般教養　30日完成』時事通信社　pp.26-59　118-125	
2	東京教友会編著（2018）『ポケットランナー小学校全科』一ツ橋書店　pp.30-100　116-152	
3	東京アカデミー編著（2019）『教員採用試験対策（2021年度）オープンセサミシリーズ　セサミノート　専門教科　小学校全科』七賢出版　pp.26-75	
4	教員採用試験情報研究会（2019）『一般教養これだけはやっとこう』一ツ橋書店　pp.50-211	

（注）左肩の番号は取り組む順番です。「1」～「4」まで完成させることが理想ですが、一次試験教養レヴェルでは「1」「2」で大丈夫ですから、余力を「他教科」「面接」「討論」「論作文」「実技」「場面指導」「模擬授業」など他のことに使ってください。なお、小学校教員採用試験を目指す学生は「3」も必要です。

　教員採用試験・保育士公務員試験・一般企業就職試験では「社会」の比重が大きいので、しっかり取り組むよう期待します。暗記が苦手、社会が苦手という人が多いと思いますが、「覚えるより早く頁を進めよう」を合言葉に繰り返すようにしてください。何度も繰り返して勉強しているうちに、いずれ覚えられます。そのためには、早く着手、早く進む、何度も繰り返すことが必要です。

第3章　算数・数学

　算数・数学の学習は「P&P作戦」が大切です。Pencil（鉛筆）とPaper（ノート）を用意してください。本章の「基礎」は、それに続く「実践」を解くための基礎的な計算問題です。（　）内に適する数値を記入してください。この問題は簡単だと思ったら、飛ばしてもかまいません。学習の方法は、最初は解答を紙で隠し、問題の計算をノートで行って答を出してから解答を見ます。いきなり解答を見ないで、まずは手を動かしてやってみることが最も大切です。間違えた問題や理解できなかった問題もあるでしょう。本書の解説に加えて、定理や公式にさかのぼる詳細な解説を知りたい場合は、本章末であげた参考書の田辺［1］を手許に置いて逐次参照しましょう。吉田［2］も参考になります。

第1節　比・割合

1．1．比・割合の計算（基礎★）

① （　　　　　　）円の80%は、480円である。

② 定価6750円の商品の原価に対する利益率が35%であるとき、原価は（　　　　　）円である。

③ 10%の食塩水200gに、水200gを加えると、（　　　　　）%の食塩水となる。

④ 1400mLのジュースを姉と妹で4:3に分けると、妹は（　　　　　）mLもらえる。

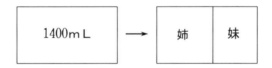

⑤ $a:b=3:5$、$b:c=15:7$のとき、$a:c=$（　　:　　）である。

⑥ 1．25:2．25を、最も簡単な整数の比で表すと（　　:　　）となる。

⑦ $\dfrac{5}{7}:\dfrac{3}{4}$を、最も簡単な整数の比で表すと（　　:　　）となる。

① （　）を x とすると、$0.8x = 480$　両辺を5倍して、$4x = 2400$、$x = 600$　（答）600円

② 原価を x とすると、$1.35x = 6750$、$x = \dfrac{675000}{135} = \dfrac{135 \times 5 \times 1000}{135} = 5000$、（答）5000円

③ 食塩は200×0.1=20、食塩水全体は200+200=400、20÷400=0.05　（答）5%

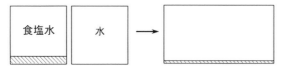

④ 4+3=7ですから、妹の分のジュースは全体の7分の3です。$1400 \times \dfrac{3}{7} = 200 \times 3 = 600$ となりますから、（答）600mL

⑤ $a:b = 3:5$ の b の部分をそろえる必要があります。3倍すると、$a:b = 9:15$ となりました。
よって、$a:c = 9:7$　（答）9：7
※このような比の計算は、文章題で必要になります。A君とBさんの貯金の比が、3：5、BさんとCさんの貯金の比が15：7のとき、3人の貯金の比は、9：15：7になりますね。3人の貯金の合計が62000円の場合、Cさんの貯金はいくらでしょうか。

$62000 \times \dfrac{7}{9+15+7} = 62000 \times \dfrac{7}{31} = 2000 \times 7 = 14000$、14000円です。このような計算は比例

配分といって、文章題でよく使われます。前問も比例配分です。

⑥ 100倍して125：225となりますが、25で割れますから、5×25：9×25=5：9　（答）5：9
※このように、前項と後項を何倍かして小数点を解消してやります。0.25×4＝1ですから、実は、最初に4倍すれば直ちに答えですね。

⑦ 7と4の最小公倍数は28です。前項と後項に28をかけて分母をはらいます。

$\dfrac{5}{7} : \dfrac{3}{4} = \dfrac{5}{7} \times 28 : \dfrac{3}{4} \times 28 = 20:21$ 　　　　　　（答）20：21

【コラム】逆比（反比）の注意

$a:b$ の逆比は、$\dfrac{1}{a} : \dfrac{1}{b} = b:a$ ですが、$a:b:c$ の逆比は、$\dfrac{1}{a} : \dfrac{1}{b} : \dfrac{1}{c} = bc:ca:ab$ です。

なぜなら、$\dfrac{1}{a} : \dfrac{1}{b} : \dfrac{1}{c} = \dfrac{abc}{a} : \dfrac{abc}{b} : \dfrac{abc}{c} = bc:ca:ab$ となるからです。

※ $a:b:c$ の逆比は、$c:b:a$ にはなりませんので要注意です。

1．2．比・割合の文章題（実践★★）

次の文章題を解きなさい。

①　ある学校の演劇部の女子の部員は、全体の 80％であった。秋の学校祭前に男子 8 名、女子 2 名が入部したため、女子は 70％になった。現在の演劇部員は何人か。

（式と計算）

②　原価が 1200 円の商品を、定価の 2 割引きで売ったところ、2 割の利益が得られた。この商品の定価を求めよ。

（式と計算）

③　ある組み立て工場では、A、B、Cの3社から納入される部品を混合して使用している。納入される部品の数の割合は、A、B、Cの順に、2：3：5 である。ところが、A社の部品には 5％、B社の部品には 4％、C社の部品には 2％の不良品が含まれている。3社から納入される部品を混合した部品の中には、何％の不良品が含まれているか。

（式と計算）

④　濃度5％の食塩水を作るつもりで、食塩 30ｇに水を加えたところ、濃度が8％の食塩水になってしまった。このため、水を追加したところ、予定の 5％の食塩水を作ることができた。追加した水は何ｇであったか。

（式と計算）

⑤　3 人で本の手書き原稿をワープロで清書する仕事をしている。ある本1冊を清書するのに、A1人では 18 日、B1人では 12 日、C1人では 24 日かかる。この本をA，B2人で 6 日間清書し、残りをCが清書すると、Cは何日かかるか。

（式と計算）

① 学校祭前の全体を x 人 とすると、$0.8x + 2 = 0.7(x + 10),\quad x = 50$

現在の部員は、50＋10＝60　　(答)60 人

※100％を１とすると、80％は0.8ですね。ですから0.8倍することになります。

② 定価を原価の x 倍とすると、$1200 \times x \times 0.8 = 1200 \times 1.2 \quad \therefore 8x = 12 \quad \therefore x = 1.5$

よって、1200×1.5＝1800　　(答)1800 円

※１割とは10％のことです。つまり、10割が100％です。２割引きとは、元の価格の80％になる

ことです。80％は0.8ですね。ですから0.8倍することになります。

③ 全体を $10x$ とすると $\dfrac{2x \times 0.05 + 3x \times 0.04 + 5x \times 0.02}{10x} = 0.032$　　(答)3.2％

※ A社、B社、C社の順に２：３：５ですから、2＋3＋5＝10、全体を $10x$ とすればよいことが

わかります。このように、比の問題では、文字をうまく使うと問題が易しくなります。

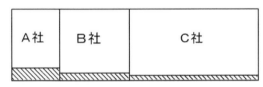

④ 最初の食塩水を x g 、追加した水を y g とすると、

$$\begin{cases} 0.08x = 30 \\ 0.05(x + y) = 30 \end{cases} \Leftrightarrow \begin{cases} 8x = 3000 \\ 5(x + y) = 3000 \end{cases} \Leftrightarrow \begin{cases} x = 375 \\ x + y = 600 \end{cases} \Rightarrow y = 600 - 375 = 225$$

このように解いて y ＝225　　(答)225 g

⑤ 仕事算では全体の仕事量を１とします。A、B、C は１日それぞれ、$\dfrac{1}{18}, \dfrac{1}{12}, \dfrac{1}{24}$ の仕事をします。

A、B だけで仕事をすると、１日あたりの仕事量は $\dfrac{1}{18} + \dfrac{1}{12}$ となります。６日では、その６倍です。

$\left(\dfrac{1}{18} + \dfrac{1}{12} \right) \times 6 = \dfrac{5}{6}$ となります。全体の仕事量１から引くと、残りの仕事は $1 - \dfrac{5}{6} = \dfrac{1}{6}$ です。

これを C が行うことになり、C の１日の仕事量は $\dfrac{1}{24}$ ですから、$\dfrac{1}{6} \div \dfrac{1}{24} = \dfrac{1}{6} \times \dfrac{24}{1} = 4$ (答)4 日

2．1．速さ・時間・距離の計算（基礎★）

①　時速60ｋｍは、分速（　　　　　）ｍである。

（式と計算）

②　秒速1000ｍは、時速（　　　　　）ｋｍである。

（式と計算）

③　時速90ｋｍで、3時間20分走ると（　　　　　）ｋｍ進む。

（式と計算）

④　分速300ｍで、5時間40分走ると（　　　　　）ｋｍ進む。

（式と計算）

⑤　12.6ｋｍを、分速300ｍで走ると（　　　　　）分かかる。

（式と計算）

⑥　36ｋｍを、秒速30ｍで走ると（　　　　　）分かかる。

（式と計算）

⑦　480ｋｍを、12時間で進む速さは、時速（　　　　　）ｋｍである。

（式と計算）

⑧　90ｋｍを、90分で進む速さは、時速（　　　　　）ｋｍである。

（式と計算）

⑨　長さ100ｍの列車が、秒速30ｍで、長さ200ｍのトンネルを抜けるのには（　　　　）秒かかる。

（式と計算）

⑩　長さ200ｍで、秒速30ｍの列車Ａと、長さ100ｍで、秒速20ｍの列車Ｂがすれ違うのには（　　　　）秒かかる。

（式と計算）

	解答

① 時速60km＝分速1km＝分速1000m　(答) 分速1000m

② 秒速1000m＝秒速1km＝分速60km＝時速3600km　(答) 時速3600km

③ $90 \times \left(3 + \dfrac{20}{60}\right) = 300$　(答) 300km

④ $300 \times (5 \times 60 + 40) = 102000$、102000m＝102km　(答) 102km

⑤ 12.6km＝12600m、12600÷300＝42　(答) 42分

⑥ 36km＝36000m、秒速30m＝分速1800m、36000÷1800＝20
　　(答) 20分

⑦ 480÷12＝40　(答) 時速40km

⑧ 90÷90＝1、分速1km＝時速60km　(答) 時速60km

⑨ 下図のように先頭がトンネルに入ってから、末尾がトンネルを脱出するまでの距離ですから、トンネルの長さに列車の長さを加えます。(200＋100)÷30＝10　(答) 10秒

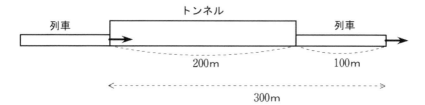

⑩ 下図のようにすれ違いでは、出会ってから離れるまでの距離は列車の長さの和、速さは相手の速さと自分の速さの和になります。(200＋100)÷(30＋20)＝6　(答) 6秒

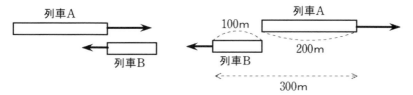

【コラム】速さの問題の3つの公式

(i)距離＝速さ×時間、　(ii) $\dfrac{距離}{時間}$＝速さ、　(iii) $\dfrac{距離}{速さ}$＝時間	

の3つの公式のうち、(iii)が最も考えにくいため、文章題の出題はほとんどがこの(iii)の式で立式することが多いのです。上記の問題では、③と④が(i)、⑤と⑥が(iii)、⑦と⑧が(ii)です。

2.2. 速さ・時間・距離の文章題（実践★★）

① Aさんは大学の講義棟から自転車置き場を経由して帰宅した。講義棟から自転車置き場までは徒歩で移動し平均時速４kmであった。自転車置き場からは自転車を使い平均時速20kmで帰宅した。自転車置き場から自宅までの距離は、講義棟から自転車置き場までの距離の５倍である。講義棟から自宅までの平均時速を求めよ。
（式と計算）

② Aさんは弟のB君を迎えに家から小学校に向かって、同時にB君は小学校から家に向かって出発した。出発して40分で２人は出会った。Aさんの速さは時速４km、B君の速さは時速２kmであるとき、家から学校までの距離は何kmであるか。
（式と計算）

③ Aさんは小学生の弟のB君が忘れ物をしたのに気付いて、B君が出発した15分後に自転車で追いかけた。Aさんの自転車は時速17km、B君の徒歩の速さは時速２kmであった。Aさんは自分が出発してから何分後にB君に追いつくか。
（式と計算）

④ Aさんは小学生の弟のB君と1600mある池の周りをランニングした。２人は同じ地点から逆方向に走ることになった。Aさんの走る速さは時速５km、B君の走る速さは、時速３kmである。２人が出会うのは、走り始めてから何分後か。
（式と計算）

⑤ 兄と弟は、７時30分に家を出て、学校に向かった。兄は始業時間の10分前に学校に着き、弟は５分前に着いた。兄の速さは時速４km、弟の速さは時速３kmであった。この学校の始業時刻を求めよ。

① 1：5より、全行程を $6a$ kmとすると、かかった時間は、$\dfrac{a}{4}+\dfrac{5a}{20}$、距離÷時間＝速さ より

$$\dfrac{a+5a}{\dfrac{a}{4}+\dfrac{5a}{20}}=\dfrac{6}{\dfrac{1}{4}+\dfrac{1}{4}}=\dfrac{6\times 4}{1+1}=\dfrac{24}{2}=12 \quad \text{(答)時速12km}$$

② 「出会い算は2人でその距離を行く」、距離＝速さ×時間より

$$4\times\dfrac{40}{60}+2\times\dfrac{40}{60}=4 \quad \text{(答)4km}$$

③ 「追いつき算では2人が等しい距離を行く」、距離＝速さ×時間より

追いつくのを t 分後 とすると、$2\times\dfrac{15+t}{60}=17\times\dfrac{t}{60}$, $t=2$ (答)2分後

④ これも出会い算です。「出会い算は2人でその距離を行く」、距離＝速さ×時間より

出会うのを t 時間後 とすると、$5t+3t=1.6$, $t=0.2$, $0.2\times 60=12$ (答)12分後

※速さの問題は、下のようなダイヤグラムにして表現すると明確になります。上記問題の②、③のダイヤグラムを描くと下記になります。

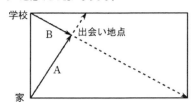
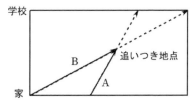

ダイヤグラムは横軸が時間、縦軸が距離です。速さは傾きで表されます。傾きが急傾斜だと速さが大きく、距離が一定なら、そのとき時間は小さいわけです。図でAさんの方が、B君より速いことがわかります。左図の追いつき算では、A、Bが同じ時間に出発しています。右図では、先にB君が出発してから、後でAさんが追いかけていますね。

⑤ 家から学校までの距離を a kmとすると、距離÷速さ＝時間より、

$$\dfrac{a}{4}+\dfrac{5}{60}=\dfrac{a}{3},\quad a=1,\quad \dfrac{1}{4}+\dfrac{10}{60}=\dfrac{5}{12}=\dfrac{25}{60}、\quad 30+25=55 \quad \text{(答)7時55分}$$

3．1．整数の性質の基本（基礎★）

①　108 の約数の個数は（　　　　　）個である。
（式と計算）

②　108 の約数の総和は（　　　　　）である。
（式と計算）

③　72 と 108 の最大公約数は（　　　　　）である。
（式と計算）

④　24 と 36 の最小公倍数は（　　　　　）である。
（式と計算）

⑤　72 と 108 と 210 の最大公約数は（　　　　　）である。
（式と計算）

⑥　15 と 24 と 36 の最小公倍数は（　　　　　）である。
（式と計算）

⑦　544 を 7 進法で表すと（　　　　　）$_{(7)}$ である。
（式と計算）

⑧　3 進法の 11022 $_{(3)}$ を 10 進法で表すと（　　　　　）である。
（式と計算）

① 108＝$2^2 \cdot 3^3$ であるから、$(2^2+2+1)(3^3+3^2+3+1)$ を展開した時の項の個数が約数の個数になります。図解すると右図になります。これを「ハッセのダイヤグラム」といいます。

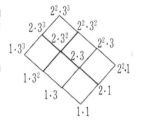

約数の個数は（2＋1）×（3＋1）＝12 （答）12 個

② 108 の約数は次の式の左辺を展開するとすべて出てくるから総和

は、$(2^2+2+1)(3^3+3^2+3+1)=7\times40=280$

（答）280　※田辺[1]p.31

③ 72＝$2^3 \cdot 3^2$、108＝$2^2 \cdot 3^3$　最大公約数は $2^2 \cdot 3^2$＝36　（答）36

④ 24＝$2^3 \cdot 3$、36＝$2^2 \cdot 3^2$、最小公倍数は $2^3 \cdot 3^2$＝72　（答）72

⑤ 72＝$2^3 \cdot 3^2$、108＝$2^2 \cdot 3^3$、210＝$2 \cdot 3 \cdot 5 \cdot 7$、最大公約数は $2 \cdot 3$＝6　（答）6

⑥ 15＝$3 \cdot 5$、24＝$2^3 \cdot 3$、36＝$2^2 \cdot 3^2$、最小公倍数は $3^2 \cdot 5 \cdot 2^3$＝360　（答）360

⑦ 右の筆算のように、544÷7＝商 77 余り 5、77÷7＝商 11 余り 0、

　　11÷7＝商 1 余り 4、1405 (7)　（答）1405 (7)

```
7)  544  余り
7)   77  …5
7)   11  …0
      1  …4
```

⑧ $1 \cdot 3^4+1 \cdot 3^3+0 \cdot 3^2+2 \cdot 3+2 \cdot 1=81+27+6+2=116$　（答）116

【コラム】7 進法の意味

上記問題の⑦を基に、n 進法の意味を考えてみましょう。

10 進法で数えて 544 匹の羊がいるとします。7 匹ずつ赤のロープで囲むと 77 個のグループができます。余りは 5 匹です。次に 77 個の赤のグループを 7 グループずつ青のロープで囲みます。11 個の青のグループができ、余った赤のグループはゼロです。さらに 11 個の青のグループを 7 グループずつ黄色のロープで囲みます。1 個の黄色グループと、4 個の青グループが残りました。黄色グループが 7 個未満ですから、これ以上グルーピングはできませんね。これで、7 進法表示が完了です。つまり、7 進法とは「7 個ずつグルーピングしていく操作の結果である」というわけです。

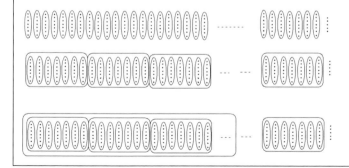

3. 2. 整数の性質の応用（実践★★）

① 500 以下の正の整数のうちで、6 または 15 で割り切れる数は何個あるか。
（式と計算）

② 3 で割ると 1 余り、5 で割ると 2 余る自然数のうちで、200 以下で最大の数を求めよ。
（式と計算）

③ 縦 72ｃm、横 108ｃmの長方形の部屋に、正方形のタイルをすきまなく敷き詰める。
タイルをできるだけ大きくするには、正方形の 1 辺の長さを何ｃmにすればよいか。
（式と計算）

④ 縦 72ｃm、横 108ｃmの長方形のタイルを、同じ向きにならべて、正方形の土地をす
きまなく敷き詰める。敷き詰めることのできる、最も狭い土地の 1 辺の長さは何 cmか。
（式と計算）

⑤ 駅前のバス停からは 3 つの路線の定期バスが発車する。平日は、A路線が 8 分おき、B
路線が 12 分おき、C路線が 14 分おきに出発する。ある平日の朝 8 時に、3 路線のバスが
同時に出発した。この次に 3 路線のバスが同時に出発するのは何時何分か。
（式と計算）

A大学前行	
8	0 8
9	
10	
11	
12	
13	

B団地行	
8	0 12
9	
10	
11	
12	
13	

C会館行	
8	0 14
9	
10	
11	
12	
13	

⑥ 2 進法で表した 2 つの数 $101110_{(2)}$ と $110001_{(2)}$ をかけた数を 10 進法で表せ。
（式と計算）

① 6と15の最小公倍数は30であるから、重複分を引き算します。30の倍数の個数が重複しています。

$500÷6=83.3……$、よって6の倍数は83個です。

$500÷15=33.3……$、よって15の倍数は33個です。

$500÷30=16.6……$、よって30の倍数は16個です。

$83+33-16=100$　（答）100個

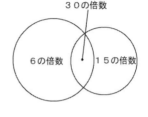

② それぞれ小さい順に並べて「数列」とみなします。2つの数列の共通項を第三の数列とみて、その初項を見つけます。

3で割ると1余る数は、4, 7, 10, 13, 16, 19, 22, ………

5で割ると2余る数は、7, 12, 17, 22, 27, ………

この共通項は、7, 22, ………です。したがって、初項は7となります。

次に、公差を考えます。3と5の最小公倍数は15ですから、公差は15となります。

$200÷15=13.3……$、よって第13項が最大です。初項7、公差15の等差数列の第13項は、

$7+（13-1）×15=187$　（答）187

③ $72=2^3・3^2$、$108=2^2・3^3$　最大公約数は$2^2・3^2=36$　（答）36cm

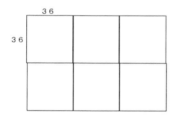

④ $72=2^3・3^2$、$108=2^2・3^3$　最小公倍数は$2^3・3^3=216$　（答）216cm

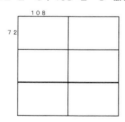

⑤ $8=2^3$、$12=2^2・3$、$14=2・7$より最小公倍数は$2^3・3・7=168$、つまり168分後＝2時間48分後　（答）10時48分

⑥ $101110_{(2)}=32+8+4+2=46$、$110001_{(2)}=32+16+1=49$

$46×49=2254$　（答）2254

4．1．方程式・不等式の計算（基礎★）

① 比例式　$(4x+1):(3x-2)=3:2$　を解くと解は（　　　　　）である。

② 連立方程式　$\begin{cases} 3x+y=9\cdots\cdots\cdots① \\ 5x-2y=4\cdots\cdots\cdots② \end{cases}$　を解くと解は（　　　　　）である。

③ 連立方程式　$\begin{cases} 0.4x-0.5y=-2.2\cdots\cdots\cdots① \\ x+\dfrac{y}{5}=-\dfrac{13}{5}\cdots\cdots\cdots② \end{cases}$　を解くと解は（　　　　　）である。

④ 連立方程式　$\begin{cases} x+y=4\cdots\cdots\cdots① \\ y+z=9\cdots\cdots\cdots② \\ z+x=11\cdots\cdots\cdots③ \end{cases}$　を①＋②＋③を利用して解くと、解は

（　　　　　　　　　　　　　　　　　　　　　　）である。

⑤ ２次方程式　$x^2-9x+14=0$　を解くと解は（　　　　　）である。

⑥ ２次方程式　$x^2+2x-5=0$　を解くと解は（　　　　　）である。

⑦ 連立不等式　$\begin{cases} 5x-9<3x+1\cdots\cdots\cdots① \\ 2x-2>4-x\cdots\cdots\cdots② \end{cases}$　を下の図を利用して解くと解は（　　　　　）

である。

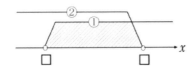

① 内項の積＝外項の積より、$3(3x-2)=2(4x+1)$、よって $9x-6=8x+2$ （答）$x=8$

内項の積＝外項の積とは、$a:b=c:d \Leftrightarrow bc=ad$ ということです。

② 加減法で $\begin{cases} 3x+y=9 \cdots\cdots\cdots① \\ 5x-2y=4 \cdots\cdots\cdots② \end{cases}$ ①×2＋②より、$11x=22$, $x=2$ となります。

これを①へ代入して、yは直ちに求まります。（答）$(x,y)=(2,3)$

③ ①式は両辺を10倍、②式は両辺を5倍すると、

$\begin{cases} 4x-5y=-22 \\ 5x+y=-13 \end{cases}$ 下の式を5倍して上の式に加えると解を得ます。 答）$(x,y)=(-3,2)$

※ このように、係数に小数点があれば何倍かして小数点を解消します。係数に分数がある場合は、分母の最小公倍数を両辺にかけて、分母を払います。そのまま計算すると複雑になってしまいます。文章題ではしばしば、小数や分数の連立方程式が必要となります。

④ サイクル型の場合は、①＋②＋③を利用します。特殊な場合ですが、このタイプは頻出します。

$\begin{cases} x+y=4 \cdots\cdots\cdots① \\ y+z=9 \cdots\cdots\cdots② \\ z+x=11 \cdots\cdots\cdots③ \end{cases}$ 、①＋②＋③から $2(x+y+z)=24$ 、よって

$x+y+z=12 \cdots\cdots\cdots④$ 、この④を使うと、直ちに解を得ます。④－②、④－③、④－①よりそれぞれ x,y,z が求まります。（答）$(x,y,z)=(3,1,8)$

⑤ 左辺を因数分解して $(x-2)(x-7)=0$ （答）$x=2,7$

⑥ 解の公式 $x=\dfrac{-2\pm\sqrt{2^2-4\times1\times(-5)}}{2}=\dfrac{-2\pm\sqrt{4+20}}{2}$ （答）$x=-1\pm\sqrt{6}$

※ 2次方程式の解の公式は、$ax^2+bx+c=0\ (a\neq0)$ のとき $x=\dfrac{-b\pm\sqrt{b^2-4ac}}{2a}$ です。

⑦ $\begin{cases} 5x-9<3x+1 \cdots\cdots\cdots① \\ 2x-2>4-x \cdots\cdots\cdots② \end{cases} \Leftrightarrow \begin{cases} 5x-3x<1+9 \\ 2x+x>4+2 \end{cases} \Leftrightarrow \begin{cases} 2x<10 \\ 3x>6 \end{cases} \Leftrightarrow \begin{cases} x<5 \\ x>2 \end{cases}$

つまり、①式より $x<5$、②式より $2<x$、この共通部分を図から求めます。

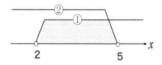

（答）$2<x<5$

4. 2. 方程式・不等式の文章題（実践★★）

① 私の父の年齢は私の年齢の 3 倍より 5 少ない。9 年前は 4 倍より 1 多かった。私の現在の年齢は（　　　　）歳である。

（式と計算）

② 7 時から 8 時の間で、時計の長針と短針が重なり合う時刻は、7 時（　　　　）分（　　　　）秒である。秒の部分は分数で示せ。

（式と計算）

③ 子ども会の行事で配布するため和菓子店で、税込 1 個 160 円の桜餅と、1 個 180 円の若鮎を、併せて 60 個購入したところ、代金はちょうど 1 万円であった。それぞれ何個購入したか。ただし、箱代は無料であったものとする。

（式と計算）

④ ある保育園でお誕生会をするため講堂に園児用の長椅子を並べた。1 つの長椅子に園児を 3 人ずつ座らせると、座れない園児が 15 人いることがわかった。5 人ずつ座らせると、誰も座らない椅子が 2 脚あり、1 つの椅子には 2 人だけが座ることになる。園児の人数と長椅子の脚数を求めよ。

（式と計算）

⑤ ある小学校の給食室では、A 社と B 社の 2 社から食材を仕入れている。昨年度の児童 1 食あたり仕入れ値は、両社合計で 300 円であった。今年度は A 社が 2 割の値上げ、B 社が 1 割の値上げをしたため、1 食あたり仕入れ値は両社合計で 350 円になった。昨年度の 1 食あたり仕入れ値をそれぞれ求めよ。

（式と計算）

① 私の年齢を x、父の年齢を y とすると、

$$\begin{cases} y = 3x - 5 \\ y - 9 = 4(x - 9) + 1 \end{cases}$$ 代入すると、$(3x - 5) - 9 = 4(x - 9) + 1$

これを解いて、 $x = 21$ （答）21歳

※このように、年齢算では「だれでも同じ数だけ歳をとる」という原理で立式すればよいのです。

② 短針は、60分で30°進みますから、毎分0.5°進みます。長針は5分で30°進みますから、毎分6°進みます。下の図のように角度を記入してみると、7時は30°×7＝210°です。短針はすでに210°まで進んでいます。これを長針が追いかけます。時計問題は、速さ問題の「追いかけ算」なのです。速さ問題の距離に相当するのが、時計算では角度になります。

x分後に重なる、つまり追いつくとすると、短針は210°だけ先行していますから、

$$0.5x + 210 = 6x$$

となります。左辺は短針、右辺は長針です。それぞれが x 分後に進んだ距離＝速さ×時間です。これを解くと、$5.5x = 210$、両辺を2倍します。

$$11x = 420, \quad x = \frac{420}{11} = 38\frac{2}{11} \text{（分）} = 38\text{分}\frac{120}{11}\text{秒}$$

（答）38分$\dfrac{120}{11}$秒

③ 桜餅の個数を x、若鮎の個数を y とすると

$$\begin{cases} 160x + 180y = 10000 \\ x + y = 60 \end{cases} \Leftrightarrow \begin{cases} 8x + 9y = 500 \\ x + y = 60 \end{cases} \Leftrightarrow \begin{cases} 8x + 9y = 500 \\ 8x + 8y = 480 \end{cases} \Leftrightarrow \begin{cases} x = 40 \\ y = 20 \end{cases}$$

（答）桜餅40個、若鮎20個

④ 椅子の数を x、園児の数を y とすると

$$\begin{cases} y = 3x + 15 \\ y = 5(x - 3) + 2 \end{cases} \Rightarrow 5(x - 3) + 2 = 3x + 15 \Leftrightarrow 5x - 15 + 2 = 3x + 15$$

$x = 14$, $y = 57$ となる。

（答）57人、14脚

⑤ A社を x、B社を y とすると

$$\begin{cases} 1.2x + 1.1y = 350 \\ x + y = 300 \end{cases} \Leftrightarrow \begin{cases} 12x + 11y = 3500 \\ x + y = 300 \end{cases} \Leftrightarrow \begin{cases} 12x + 11y = 3500 \\ 11x + 11y = 3300 \end{cases} \Leftrightarrow \begin{cases} x = 200 \\ y = 100 \end{cases}$$

（答）A社200円、B社100円

5.1. 数列の計算（基礎★）

① 次の等差数列の第 100 項は(　　　　)である。　1，4，7，10，13，………

　　※ 公式　$a_n = a + (n-1)d$　を使いましょう。

（式と計算）

② 次の等比数列の第 10 項は(　　　　)である。　3，6，12，24，48，………

　　※ 公式　$a_n = ar^{n-1}$　を使いましょう。

（式と計算）

③ 次の数列は、階差をとって計算すると、第 20 項は(　　　　)である。

　1，2，5，10，17，26，37，………

（式と計算）

④ 次の数列の第 100 項までの和は(　　　　)である。　1＋2＋3＋4＋5＋………

※ 公式　$1+2+3+4+5+\cdots\cdots+n = \dfrac{n(n+1)}{2}$　を使いましょう。

（式と計算）

⑤ 次の数列の第 20 項までの和は(　　　　)である。　1＋3＋5＋7＋9＋………
（式と計算）

⑥ 次の数列の第 20 項までの和は(　　　　)である。　2＋4＋6＋8＋10＋………
（式と計算）

① 初項1、公差3の等差数列です。1＋（100－1）×3＝298　（答）298

※初項 a、公差 d の等差数列の一般項（つまり、第 n 番目の項）は、$a_n = a + (n-1)d$ です。

具体的には、$a, a+d, a+2d, a+3d, a+4d, \cdots\cdots$ のようになります。

※数列分野は、公務員試験や教員採用試験では「規則性」と呼ばれる分野となっています。規則的に増えてゆく図形の数などが問題にされます。等差数列の一般項の公式や自然数列の和などを基礎として身に着けておくと、素早く答えを得ることができます。

② 初項3、公比2の等比数列です。$3 \times 2^{10-1}$＝1536　（答）1536

※初項 a、公比 r の等比数列の一般項（つまり、第 n 番目の項）は、$a_n = ar^{n-1}$ です。

具体的には、$a, ar, ar^2, ar^3, ar^4, \cdots\cdots$ のようになります。

③ 1，2，5，10，17，26，37，$\cdots\cdots$の階差数列は、1，3，5，7，9，$\cdots\cdots$となります。

この階差数列は、初項1、公差2の等差数列、すなわち、「1から始まる奇数列」です。

19個の和は $1+3+5+7+\cdots\cdots+37$＝19^2＝361、1＋361＝362（答）362

※1から始まる奇数列 n 個の和は、下記となります。19個では上のようになるわけです。

階差数列は元数列より項数が1つ少ないので19個です。※田辺[1]p.94 参照。

$$1+3+5+7+9+\cdots\cdots+(2n-1) = n^2$$

n 番目の奇数は $2n-1$ です。なぜなら、n 番目の偶数は $2n$ ですから。

④ 初項1、公差1の等差数列、すなわち、「1から始まる自然数列」です。

$$1+2+3+4+5+\cdots\cdots+100 = \frac{100(100+1)}{2} = 50 \times 101 = 5050 \qquad \text{（答）}5050$$

1から始まる n までの自然数列の和は次の公式になります。

$$1+2+3+4+5+\cdots\cdots+n = \frac{n(n+1)}{2}$$

⑤ 初項1、公差2の等差数列、すなわち、「1から始まる奇数列」20^2＝400（答）400

1から始まる奇数列 n 個の和は、下記となります。20個では上のようになるわけです。

$$1+3+5+7+9+\cdots\cdots+(2n-1) = n^2$$

⑥ 初項2、公差2の等差数列、すなわち、「2から始まる偶数列」です。（答）420

※自然数列の2倍ですから、$2+4+6+8+10+\cdots\cdots+2n = n(n+1)$

5. 2. 数列の応用問題（実践★★）

① 同じ大きさのタイルを、次の規則に従って貼っていく。斜線部分が新に貼るタイルである。1回目は3枚貼る。2回目以降は、前に貼ったタイルを取り囲むように貼る。

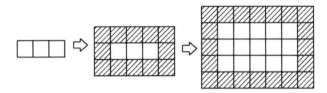

このとき、タイルの総数が143枚になるのは、何回目か。（愛知県・小学校教諭）

② 右の図の中に正方形はいくつあるか。

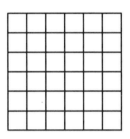

③ 下の図1はマッチ棒を4本並べて正方形を作った図形である。図2は2段にして、図3は3段、図4は4段。………にしてゆく。20段にした場合のマッチ棒の総数を求めよ。

（岐阜県・一般教養・類）

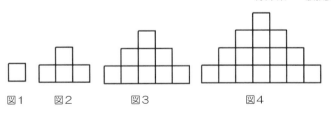

図1　　図2　　　図3　　　　図4

① 縦の長さは、1, 3, 5, 7, 9, ………となります。これは、1から始まる奇数列です。

横の長さは、3, 5, 7, 9, 11, ………となります。これは、3から始まる奇数列です。

1から始まる奇数列の n 番目の項は、$2n-1$ です。

3から始まる奇数列の n 番目の項は、$2n-1+2=2n+1$ です。

n 回目の縦と横のタイルの数をかけ合せると143枚になるから、$(2n-1)(2n+1)=143$　よって、

$4n^2-1=143$ 、つまり、$4n^2=144$ 、$n^2=36$ 、$n=6$ となります。　(答)6回目

② 正方形は6種類あります。1辺の長さが6の正方形は1個、1辺の長さが5の正方形は、縦に2個、

横に2個で合計は $2\times2=2^2=4$ 個、1辺の長さが4の正方形は、縦に3個、横に3個で

合計は $3\times3=3^2=9$ 個、………以下同様ですから、大きい正方形の個数から順に加えると

$1^2+2^2+3^2+4^2+5^2+6^2=91$　(答)91個

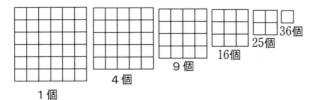

1個　　4個　　9個　　16個　　25個　　36個

③ 縦と横に分けて考えます。まず、縦のマッチ棒は、図1の2から始まり、2から始まる偶数列（2, 4,

6…）ずつ足されていきます。したがって、20段目までの合計が、

2+4+6+………+40＝2（1+2+3+………+20）＝20×21＝420（本）

　　★この計算には、$1+2+3+4+5+\cdots\cdots+n=\dfrac{n(n+1)}{2}$ が使えます（2倍します）。または、

　　　$2+4+6+8+10+\cdots\cdots+2n=n(n+1)$　　を使ってもかまいません。

次に、底を除いた横のマッチ棒は、「1から始まる奇数列」（1, 3, 5…）ずつ足されていきます。したがっ

て、20段目までの合計が、1+3+5+………+39＝20^2＝400（本）

　　★この計算には、$1+3+5+7+9+\cdots\cdots+(2n-1)=n^2$　　が使えます。

最後に、底に残ったマッチ棒は、横のマッチ棒の最後の数と等しくなります。つまり、39本です。

合計 420+400+39＝859　(答)859本

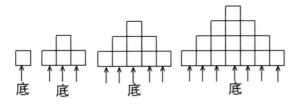

底　底　　底　　　　底

6．1．平面図形（直線図形）の基本（基礎★）

① 正五角形の一つの内角は（　　　　　）°である。

② 五角形の外角の和は（　　　　　）°である。

 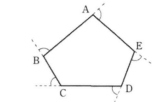

③ 下の左図の△ABCにおいて∠A＝25°、∠C＝75°のとき、∠CBT＝
　（　　　　　）°である。

④ 下の右図で∠A＋∠D＝40°のとき、∠B＋∠C＝（　　　　　）°である。

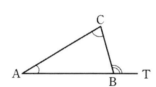 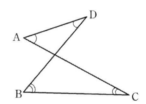

⑤ 下の左図で∠A＋∠B＋∠C＝130°のとき、∠DFE＝（　　　　　）°である。

⑥ 下の右図でAD∥BC で、AD：BC＝2：3 のとき、AE：EC＝（　　：　　）である。

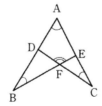 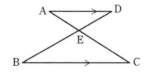

解答
---

① 180°×3÷5＝108°　（答）108°

② 五角形の内角の大きさを、A、B、C、D、Eとして、外角をa、b、
c、d、eとします。（A＋a）＋（B＋b）＋（C＋c）＋（D＋d）
＋（E＋e）＝180°×5

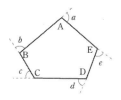

　ここで、内角はA＋B＋C＋D＋E＝180°×3ですから、上の式に代入
して、外角の和は、a＋b＋c＋d＋e＝180°×2＝360°となります。
よって、何角形でも外角の和は常に360°です。五角形の場合、
180°×3＋（外角の和）＝180°×5より（外角の和）＝180×2＝360°（答）360°

③ 「三角形の外角は内対角の和に等しい」ことから25°＋75°＝100°（答）100°

④ 三角形の内角の和は180°で一定で、対頂角は等しいから、∠B＋∠C＝40°
　　（答）40°　※この形を「蝶々形」ということにし、後に角度問題で利用します。

⑤ 補助線AFを引くと、「三角形の外角は内対角の和に等しい」が2回使えて、
∠AFE＝∠BAF＋∠ABF、∠AFD＝∠FAC＋∠FCA、よって、∠DFE＝∠A＋
∠B＋∠C＝130°（答）130°　※この形を「ブーメラン形」ということにします。
角度問題で利用できます。

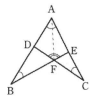

⑥ この形を「砂時計形の相似」ということにします。各種の図形問題で利用でき
ます。錯角は等しく、対頂角も等しいので相似です。

（答）AE：EC＝2：3

【コラム】角度問題のツール

（Ⅰ）スリッパのような形　　　　　　（Ⅱ）　蝶々のような形
　　　∠B＝∠A＋∠C　　　　　　　　　　∠B＋∠C＝∠A＋∠D

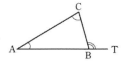

（Ⅲ）ブーメランのような形　　　　　（Ⅳ）砂時計のような形
　　　∠F＝∠A＋∠B＋∠C　　　　　　　（ADとBCは平行の場合）
　　　　　　　　　　　　　　　　　　　△AED∽△CEB（相似）

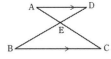

⑦　下の左図で DE∥BC で、DE：BC＝3：5 のとき、AD：AB＝（　　：　　）である。

⑧　下の右図の△ABC において CD：CA＝4：7 である。

このとき、三角形の面積比△BCD：△ABC＝（　　：　　）である。

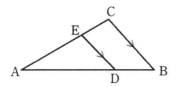
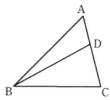

⑨　下の左図の△ABC において DC：BC＝4：7 である。

このとき、三角形の面積比△ADC：△ABC＝（　　：　　）である。

⑩　下の右図の四角形ＡＢＣＤと四角形Ａ´Ｂ´Ｃ´Ｄ´は相似である。CD：C´D´＝3：5 のとき、面積比は（　　：　　）である。

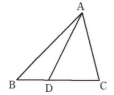

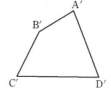

⑪　下図の△ABC において∠BAD＝∠DAC であり、AB：AC＝7：4 のとき、BD：DC＝（　　：　　）である。

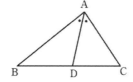

解答

⑦　この形を「親子形の相似」ということにします。各種の図形問題で利用できます。

同位角は等しいことから相似になります。（答）AD：AB＝3：5

⑧　「底辺が共通ならば三角形の面積比は高さの比」　（答）△BCD：△ABC＝4：7

⑨　「高さが共通ならば三角形の面積比は底辺の比」（答）△ADC：△ABC＝4：7

⑩　「面積比は相似比の２乗」（答）9：25

⑪　「角の２等分線の定理」（答）BD：DC＝7：4　※証明は田辺[1]p.122 参照。

6.2. 平面図形（直線図形）の応用（実践★★）

① 図の角の和∠A＋∠B＋∠C＋∠D＋∠E を求めよ。

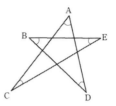

② 図の角の和∠A＋∠B＋∠C＋∠D＋∠E＋∠F＋∠G

を求めよ。（名古屋市・小学校教諭・類）

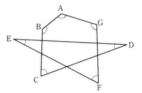

解答

① 下図のようにCDを結ぶと「蝶々形」ができますから、∠Bと∠E を移動します。結局は△ABC の内角
の和になります。（答）180° ※田辺[1]p.104 参照。

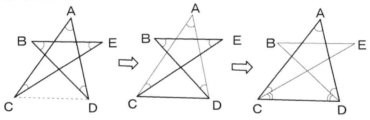

② CFを結ぶと「蝶々形」ができますから、∠Eと∠D を移動します。結局は五角形 ABCFG の内角の
和に等しくなります。180°×3＝540°　（答）540° ※田辺[1]p.113 参照。

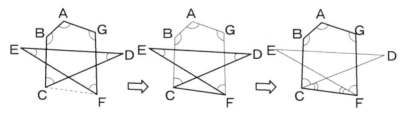

③ 図の正方形の折り紙 ABCD を直線 TP を中心に折ったとき、∠SRD＝32°であっ
た。∠A´TP の大きさは何度か。

（群馬県・小学校教諭・改）

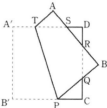

④ 図の長方形ＡＢＣＤの辺ＡＤ上にＡＧ：ＧＤ＝２：５、辺ＢＣ上にＢＨ：ＨＣ＝５：２と
なる点Ｇ，Ｈをそれぞれとる。四角形ＢＨＦＥと長方形ＡＢＣＤの面積比を求めよ。

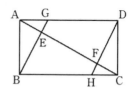

解答

③ 正方形の４つの内角はすべて 90°ですから、折ったときにできる直角三角形はすべて 32°、
58°、90°の相似な三角形です。また折り目ＴＰに関して
線対称になっていることも使います。

∠B´PT×２＋32°＝180°、よって∠B´PT＝74°

∠A´TP＝180°－∠B´PT＝180－74°＝106°

（答）106°

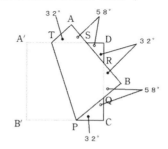

④ 平行四辺形ＢＨＤＧ：長方形ＡＢＣＤ＝５：７、四角形ＢＨＦＥは平行四辺形ＢＨＤＧの２分の１だか
ら、四角形ＢＨＦＥ：長方形ＡＢＣＤ＝５：14　（答）５：14

⑤　下の左図で、OA＝2OP、OB＝3BQ のとき、△OPQ と△OAB の面積比を求めよ。

⑥　下の右図で点 N は△ABC の辺 BC の延長上にある。辺 AB 上の点 K と点 N を直線で結び、辺 AC との交点を L とする。AK：KB＝2：3、AL：LC＝1：1 のとき、BN：NC の比を求めよ。

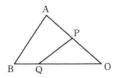

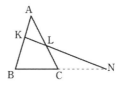

⑦　右図の点 P は、△ABC の各辺上の点と頂点とを結ぶ 3 直線の交点である。AN：NB＝3：5、BK：KC＝1：1 のとき CL：LA の比を求めよ。

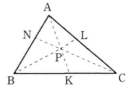

解答

⑤　図のようにAQを結ぶと、「高さが共通ならば三角形の面積比は底辺の比」の原理が使えます。△OAQは△OABの3分の2倍です。同様に△OPQは△OAQの2分の1倍です。よって、△OPQは△OABの3分の1倍です。(答)面積比 1：3

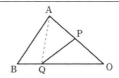

⑥　「メネラウスの定理」を使います。メネラウスの定理より

$$\frac{AK}{KB} \times \frac{BN}{NC} \times \frac{CL}{LA} = 1$$

よって、　$\dfrac{2}{3} \times \dfrac{BN}{NC} \times \dfrac{1}{1} = 1$

(答)BN：NC＝3：2　※田辺[1]p.124 参照。

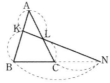

⑦　「チェバの定理」を使います。チェバの定理より

$$\frac{AN}{NB} \times \frac{BK}{KC} \times \frac{CL}{LA} = 1$$

よって、　$\dfrac{3}{5} \times \dfrac{1}{1} \times \dfrac{CL}{LA} = 1$

(答)CL：LA＝5：3　※田辺[1]p.124 参照。

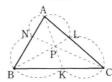

⑧　右図で BC＝BD、∠DBE＝∠CBE、△ABC＝4△ADE のとき AD：BD を求めよ。（愛知県・小学校教諭）

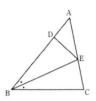

⑨　右図の平行四辺形 ABCD において BF：FC＝3：1 のとき、直線 AF と対角線 BD の交点を E とする。四角形 EFCD と平行四辺形 ABCD の面積比を求めよ。

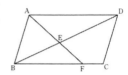

解答

⑧　△BCE＝△BDE、△ADEは△ABCの4分の1、よって、四角形BCEDは△ABCの4分の3、それを2等分するから、△BDEは、△ABCの8分の3です。△ADE：△BDE＝$\dfrac{1}{4}$：$\dfrac{3}{8}$＝2：3 ここで、「高さが共通ならば三角形の面積比は底辺の比」を使います。
（答）AD：DB＝2：3

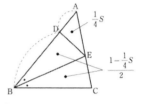

⑨　平行四辺形の面積を S とします。AD：BF＝4：3 より、「砂時計形の相似」から、DE：EB＝4：3 です。すなわち、DE：BD＝4：7です。ここで、「高さが共通ならば三角形の面積比は底辺の比」より、△AED：△ABD＝4：7 となります。また、△ABDは平行四辺形の2分の1ですから、

$$\triangle AED = \frac{4}{7} \times \triangle ABD = \frac{4}{7} \times \frac{1}{2}S$$

そして、「面積比は相似比の2乗」から、△AED：△BEF＝16：9となります。△BFE＝$\dfrac{9}{16} \times \dfrac{4}{7} \times \dfrac{1}{2}S$ 、すなわち

$$\triangle ABD + \triangle BFE = \frac{1}{2}S + \frac{9}{16} \times \frac{4}{7} \times \frac{1}{2}S = \frac{37}{56}S$$

よって、四角形EFCD＝$S - \dfrac{37}{56}S = \dfrac{19}{56}S$　ゆえに、四角形 EFCD：平行四辺形 ABCD＝19：56

（答）19：56

本節で必要なら、円周率はπとする。

7．1．平面図形（円、その他）の基本（基礎★）

① 下の左図の円Oにおいて∠APB＝38°のとき、∠AOB＝（　　　　）°である。

② 下の右図の円OにおいてABは直径である。∠PAB＝38°のとき、∠ABP＝
（　　　　）°である。

 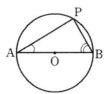

③ 下の左図の円Oで∠ADC＝57°、∠BOC＝74°のとき、∠AEB＝（　　）°である。

④ 下の右図の円に内接する四角形ABCDにおいて∠ADC＝110°、∠DCT＝94°
のとき、∠ABC＝（　　　　）°、∠BAD＝（　　　　）°である。

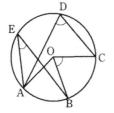 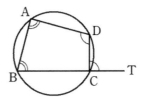

解答

① 「中心角は円周角の2倍」(答)76°

② 「直径の上に立つ円周角は90°」より∠ABP＝90°－38°＝52°(答)52°

③ 「中心角は円周角の2倍」より　∠AOC＝57°×2＝114°、
　　∠AOB＝114°－74°＝40°、∠AEB＝40°÷2＝20°(答)20°

④ 「内接四角形の対角の和は180°」より∠ABC＝180°－110°＝70°
　　「内接四角形の外角は内対角に等しい」より∠BAD＝94°(答)∠ABC＝70°、∠BAD＝94°

⑤　下の左図のように円に内接する四角形 ABCD において∠CAD＝28°、∠ACD＝42°のとき、∠ABC＝（　　　　）°である。

⑥　下の右図の円は直線 BT に接している。∠P＝32°のとき、∠ABT＝（　　）°である。

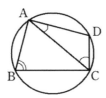
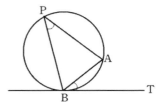

⑦　下の左図は1辺の長さが6cmの正方形ABCDの頂点A、Cを中心とし、半径6cmの円の4分の1を描いたものである。斜線部分の面積は（　　　　　）cm²である。

⑧　下の右図で弧 BAC が円Oの全周の3分の1のとき、∠BAC＝（　　　）°である。

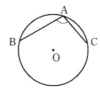

解答

⑤　∠CDA＝180°－28°－42°＝110°、「内接四角形の対角の和は180°」より、
　　∠ABC＝180°－110°＝70°　（答）70°

⑥　「接弦定理」です。（答）32°

⑦　円の4分の1を2つ加えると、斜線部分が重複します。それから正方形を引くと、斜線部分が求まります。$6^2\pi \times \dfrac{1}{4} \times 2 - 6^2 = 36\left(\dfrac{\pi}{2}-1\right)=18\pi-36$

　　（答）（18π-36）cm²

⑧　弧 BAC が円Oの全周の3分の1だから残りの弧は3分の2です。中心角は360°の3分の2で240°、円周角は中心角の2分の1　（答）120°

7. 2. 平面図形（円、その他）の応用（実践★★）

① 右図において∠CEF＝58°、∠CFE＝27°である。
∠BACは何度か。　　（　　　）°

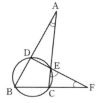

② 右図において∠BAC＝28°、∠BFD＝40°である。
∠CBAは何度か。　　（　　　）°

③ 右図のように半径３cmの円Ｐと半径２cm
の円Ｑに、共通外接線ABを引く。AB＝10
cmのとき、中心間の距離PQを求めよ。
（　　　）cm

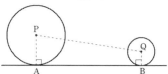

④　右図の直角三角形で、AB＝10cm、BC＝8cm、
∠C＝90°である。△ABCの内接円の半径を求めよ。
（三重県・小学校教諭）　　（　　　）cm

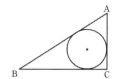

解答

① 「三角形の外角は内対角の和に等しい」、「内接四角形の外角は内対角に等しい」を使う。(答)37°
　※田辺[1]p.140 参照。

② 「三角形の外角は内対角の和に等しい」、「内接四角形の対角の和は180°」を使う。(∠CBA＋40°)
＋（∠CBA＋28°）＝180°（答）56°※田辺[1]p.140 参照。

③ 点Ｑから直線ＰＡに垂線QHを引くと、「三平方の定理」より
　$PQ^2 =（3-2）^2+10^2=101$　（答）$\sqrt{101}$ cm

④ ３：４：５の直角三角形です。AC＝6、△ABC＝8×6÷2＝24
△ABCを3分割して　△OAB＋△OBC＋△OCA＝△ABC
内接円の半径をsとすると、3分割した面積は右図から
8×s÷2+6×s÷2+10×s÷2＝24、12×s＝24
よってs＝2（答）2cm　※田辺[1]p.123を参照。

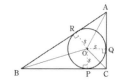

本節で必要ならば円周率はπとする。

8．1．空間図形の基本（基礎★）

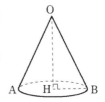

① 底面の半径が３cm、高さが５cmの円すいの体積は
（　　　）cm³である。

② 底面の半径が５cm、母線の長さが13cmの円すいの体積は
（　　）cm³である。（名古屋市・小学校教諭・改）

③ 半径が３cmの球の体積は（　　　）cm³、表面積は（　　　）cm²である。

④ 図の２つの三角すいP、Qは相似である。PとQ
の表面積は、それぞれ81cm²、144cm²である。P
とQの体積比は（　：　）である。（愛知県・小学校
教諭・改）

解答

① $3^2\pi\times5\div3=15\pi$　（答）15π cm³

② $OH^2=OB^2-HB^2=13^2-5^2=144=12^2$、OH＝12　よって　体積は
$5^2\pi\times12\div3=100\pi$　（答）100π cm³

③ （答）体積は36π cm³、面積は36π cm²

④ 相似比は9：12＝3：4、体積比は3^3：4^3＝27：64　（答）27：64

【コラム】＜立体の公式＞※球の公式は必須です。

（a）正四面体の体積（１辺の長さ a）	$V=\dfrac{\sqrt{2}}{12}a^3$
（b）正八面体の体積（１辺の長さ a）	$V=\dfrac{\sqrt{2}}{3}a^3$
（c）球の体積（半径 r）	$V=\dfrac{4\pi r^3}{3}$
（d）球の表面積（半径 r）	$S=4\pi r^2$

8．2．空間図形の応用（実践★★）

① 母線の長さＯＡ＝９ｃｍ、底面の半径ＨＢ＝３ｃｍの円すいの表面積を求めよ。

② １辺の長さが６ｃｍの正四面体Ｏ・ＡＢＣの体積を求めよ。

解答

① 側面の展開図の半径は９であるから、仮に全円周を描くと、$2\cdot9\cdot\pi=18\pi$。底面の円周は$2\cdot3\cdot$ $\pi=6\pi$より、18πの３分の１である。すなわち側面の展開図は、半径９の円の３分の１である。よって側面の面積は、$\pi\cdot9^2\div3=27\pi$。

底面の面積は、$\pi\cdot3^2=9\pi$、$27\pi+9\pi=36\pi$ （答）36π ｃｍ²

② 点Ｍは辺ＡＢの中点、頂点Ｏから底面に下した垂線の足をＨとする。各面は正三角形ですから、ＯＭ＝ＣＭ＝$3\sqrt{3}$ 。Ｈは△ＡＢＣの重心であるから、ＣＨ：ＨＭ＝２：１、よってＭＨ＝$\sqrt{3}$ 、

「三平方の定理」より ＯＨ²＝ＯＭ²－ＭＨ²＝$\left(3\sqrt{3}\right)^2-\left(\sqrt{3}\right)^2=27-3=24$ 、

ＯＨ＝$\sqrt{24}=2\sqrt{6}$ 、△ＡＢＣ＝$\dfrac{6\times3\sqrt{3}}{2}=9\sqrt{3}$ 、

正四面体Ｏ・ＡＢＣの体積＝$\dfrac{9\sqrt{3}\times2\sqrt{6}}{3}=18\sqrt{2}$ （答） $18\sqrt{2}$ ｃｍ³

第９節　場合の数と確率

9．1．場合の数と確率の基本（基礎★）

① ６人の児童から、会長、副会長、書記をそれぞれ１人選ぶ方法は（　　　　）通りである。

② ６人の児童から、図書委員３人を選ぶ方法は（　　　　　）通りである。

③ ５人の園児を一列に並べる方法は（　　　　　）通りである。

④ ９個の文字 AAAABBBCC を一列に並べる方法は（　　　　　）通りである。

⑤ １，２，３の３つの数字を使ってできる５桁の数は（　　　　　）通りである。ただし、同じ数字を何度使ってもよいものとする。

⑥ 硬貨５枚を同時に投げるとき、すべて表が出る確率は（　　　　　）である。

⑦ 大小２個のさいころを投げるとき、目の和が７になる確率は（　　　　　）である。

⑧ 赤玉３個、白玉５個が入った袋から、同時に２個取り出すとき、異なる色が出る確率は（　　　　　）である。

解答

① 順列です。$_6P_3 = 6 \cdot 5 \cdot 4 = 120$　（答）120 通り

② 組み合わせです。$_6C_3 = (6 \cdot 5 \cdot 4) \div (3 \cdot 2 \cdot 1) = 20$　（答）20 通り

③ ５の階乗です。$5! = 5 \cdot 4 \cdot 3 \cdot 2 \cdot 1 = 120$　（答）120 通り

④ 同じものを含む順列です。$9! \div (4! \cdot 3! \cdot 2!) = 9 \cdot 8 \cdot 7 \cdot 6 \cdot 5 \div (3 \cdot 2 \cdot 2) = 9 \cdot 4 \cdot 7 \cdot 5 = 1260$　（答）1260 通り　※田辺[1]p．166 参照。

⑤ ３種類が５個の重複順列です。$3^5 = 243$　（答）243 通り

⑥ 表、裏の２種類が５回の重複順列で分母は 2^5　（答）$\dfrac{1}{32}$

⑦ （1，6）、（2，5）、（3，4）、（4，3）、（5，2）、（6，1）の６通りで、分母は 6^2
$\dfrac{6}{6^2} = \dfrac{1}{6}$　（答）$\dfrac{1}{6}$

⑧ 分子は $_3C_1 \times _5C_1 = 15$、分母は $_8C_2 = (8 \cdot 7) \div (2 \cdot 1) = 28$ です。（答）$\dfrac{15}{28}$

9. 2. 場合の数と確率の応用（実践★★）

① 9人の児童を3人ずつ3組に分ける方法は何通りあるか。

② 9人の園児を2人、2人、5人の3組に分ける方法は何通りあるか。

③ 5人の男子園児と4人の女子園児を1列に並べるとき、男子どうし、女子どうしが隣り合わない並べ方は何通りあるか。

④ 図のような碁盤の目の状態になった道路がある。A地点から、P地点を必ず通って、最短経路でB地点に行く方法は何通りあるか。

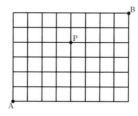

解答

① 組に区別がないので3！で割る必要があります。

${}_9C_3 \times {}_6C_3 \times {}_3C_3 \div 3! = 280$（答）280通り ※田辺[1]p.171。

② 2つの組に区別がないので2！で割る必要があります。

${}_9C_2 \times {}_7C_2 \times {}_5C_5 \div 2! = 378$ （答）378通り

③ 男子□、女子○とすると席の指定方法は1通りで、□○□○□○□○□とするしかありません。

□に男子を入れる方法は、5！通り、○に女子を入れる方法は、4！通りです。積の法則から、

5！×4！＝120×24＝2880 （答）2880通り

④ A→Pは縦が4区画、横も4区画です。縦横の1区画を「｜」と「－」で表すと、｜｜｜｜－－－－の並べ方の方法が何通りかという問題に還元されます。

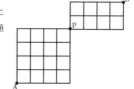

｜｜｜｜－－－－、｜｜－｜－－｜、－｜－－｜－｜｜、………のように、いろいろな並べ方が、AからPへの経路に対応しています。

｜｜｜｜－－－－の並べ方は、異なる8か所のスペース

□□□□□□□□の中から、4つの｜を入れる4か所を選ぶ方法ですから、A→Pは、

${}_8C_4 = \dfrac{8 \times 7 \times 6 \times 5}{4 \times 3 \times 2 \times 1} = 2 \times 7 \times 5 = 70$、同様に、P→Bは ${}_6C_2 = \dfrac{6 \times 5}{2 \times 1} = 15$、同時に行いますから、積の法則により 70×15＝1050 （答）1050通り

⑤　八百屋の店頭に、ミカン、リンゴ、ナシがたくさん並んでいる。このなかから９個買う方法は何通りあるか。ただし、１個も買わない果物があってもよいものとする。

⑥　12本のくじがあり、当たりくじは５本含まれている。一度に３本引くとき、少なくとも１本は当たる確率を求めよ。

⑦　さいころを６回投げるとき、ちょうど４回だけ２以下の目が出る確率を求めよ。

解答

⑤　３種のものから９個を選ぶ「重複組み合わせ」です。下の○に果物を入れますが、区切り記号の左からミカン、リンゴ、ナシと決めておきます。たとえば、

　　　○○○｜○○｜○○○○………（ミカン、リンゴ、ナシ）＝（3, 2, 4）
　　　○○｜○○○○○○｜○………（ミカン、リンゴ、ナシ）＝（2, 6, 1）
　　　○○○○○｜｜○○○○………（ミカン、リンゴ、ナシ）＝（5, 0, 4）

などとなります。したがって９個の○と ２ 個の区切り棒｜の「同じものを含む順列」で計算できます。

$$\frac{11!}{9! \times 2!} = \frac{11 \times 10}{2 \times 1} = 55 \quad \text{(答)} 55 \text{通り}$$

⑥　「少なくとも１本当たる」の否定は「全部ハズレ」です。全部ハズレの確率は、$\dfrac{{}_7C_3}{{}_{12}C_3}$ です。

$$1 - \frac{{}_7C_3}{{}_{12}C_3} = 1 - \frac{\dfrac{7 \times 6 \times 5}{3 \times 2 \times 1}}{\dfrac{12 \times 11 \times 10}{3 \times 2 \times 1}} = 1 - \frac{7}{44} = \frac{37}{44} \quad \text{(答)} \frac{37}{44}$$

⑦　反復試行です。１回の試行で「２以下の目が出る」確率は、$\dfrac{2}{6} = \dfrac{1}{3}$ です。「その他の目が出る」確率は、

$1 - \dfrac{1}{3} = \dfrac{2}{3}$ です。この試行を６回繰り返します。「２以下の目が出る」をＡ、「その他の目が出る」をＢと書くと、ちょうど４回だけ２以下の目が出るような目の出方は、たとえば、

　ＡＡＡＡＢＢ、ＡＡＢＢＡＡ、ＢＡＢＡＡＡ、………などになります。何通りあるかというと、異なる６か所のスペース、□□□□□□の中から、Ａを入れる４か所を選ぶ方法です。すなわち、

$${}_6C_4 = {}_6C_2 = \frac{6 \times 5}{2 \times 1} = 15 \text{通り}$$ です。それぞれの確率は、Ａが４回、Ｂが２回ですから、

$$\frac{1}{3} \times \frac{1}{3} \times \frac{1}{3} \times \frac{1}{3} \times \frac{2}{3} \times \frac{2}{3} = \left(\frac{1}{3}\right)^4 \left(\frac{2}{3}\right)^2 \quad \text{となります。}$$

$${}_6C_4 \left(\frac{2}{6}\right)^4 \left(\frac{4}{6}\right)^2 = {}_6C_2 \left(\frac{1}{3}\right)^4 \left(\frac{2}{3}\right)^2 = \frac{6 \times 5}{2 \times 1} \times \frac{2^2}{3^6} = \frac{20}{243} \quad \text{(答)} \frac{20}{243}$$

【参考書】

	参考書 （ページ指定されている場合は該当ページを解く）	解いた日
1	田辺勉著（2000）『初級公務員試験・よくわかる数的推理』実務教育出版	
2	吉田明史他著（2018）『保育者が身につけておきたい数学』萌文書院	

Tea Break：やる気がでないなと思ったら…

自分をほめる、ほめてもらう

今までで褒められて、嬉しかったことはどんなことですか？人は褒められると自信がつきます。そして、自分で自分をほめることもできます。今日やったことを誰かに話して褒めてもらいましょう。または、今まで褒められたことを思い出して、ここに書き出しても良いでしょう。自分で自分をほめる習慣を作るのも大切です。今日は疲れていたのに1問解いたなんて、えらい！今日はやる気でなかったのに、このガイドブックを開いたなんて、えらい！さぁ、小さなことから褒めましょう。

➤　合言葉：あなたはよく頑張っている！

第4章　理科

第1節　第1分野

1．1．第1分野（基礎★）

1．1．1．物理（身近な物理現象）

問1．図のような実験用てこを使ってつり合いの実験を行った。棒の重さは一様で、棒全体は50gであった。また、棒の中心から等間隔で色分けしてある。

（1）図のように、左側に10gのおもりが2個つり下げてある。このとき、右側の㋐〜㋔のどの位置に10gのおもり1個をつり下げればつり合うか。

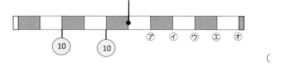

（　　　　　　　）

（2）図のように左側の端を支点とし、右側の端にばねばかりをつけて量った。ばねばかりの目盛りは何gを示すか。

ヒント　棒の重さは
重心の位置に
あると考える。

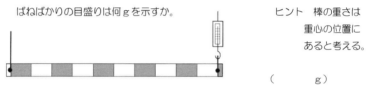

（　　　　　g）

（3）（2）の棒に、10gのおもりを2個、図のようにつり下げた。このとき、ばねばかりの目盛りは何gを示すか。

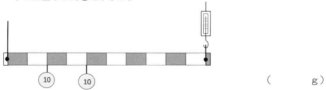

（　　　　　g）

（4）（3）の左端にもばねばかりをつけて両側のばねばかりで量った。このとき、両側のばねばかりの目盛りは何gを示すか。

ヒント　それぞれのばねばかりで持
ち上げる時の支点はどこか
考えよう。

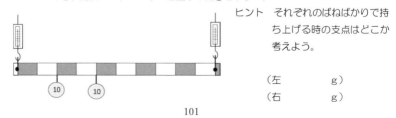

（左　　　　　g）

（右　　　　　g）

101

ポイント①：てこのつりあいは〔支点からの距離〕×〔重さ（力）〕の比較
ポイント②：てこの棒の重さは、重心（真ん中）におもりがあるのと同じ

問1

（1）支点が真中にあるので左右でつり合う条件を考える。

左　　3つ分×10g　＋1つ分×10g　＝　40

右　　?つ分×10g

したがって　支点から4つ目の位置　　㋔

（2）支点が左端であるので、下向きの力と上向きの力で条件を考える。

棒の重さは、真中に50gと考える。

下　　支点から5つ分×50g　＝　250

上　　支点から10の位置　×　?　g　　　：ばねばかりで持ち上げる

したがって　ばねばかりは　25g　を示す。

（3）（2）と同様に考えるが、おもり分下向きの力が増えている。

下　　2×10　＋　4×10　＋　5×50　＝　310

上　　10×　?g

したがって　ばねばかりは　31g　を示す。

（4）右のばねばかりを考えるときの支点は左端になる。

左のばねばかりを考えるときの支点は右端になる。

別々に考えて、

左のばねばかり：　5×50+6×10+8×10　＝　10×?

右のばねばかり：　2×10+4×10+5×50　＝　10×?

したがって　左：　39g　　　右：　31g

○チェック：　全重さ70g（50g＋おもり2個）と両方のばねばかりで持ち上げる重さ（力）

（左　39g　＋　右　31g）が同じになっているか確認する。

棒にかかる上向きの力と下向きの力はつり合っています。

1. 1. 2. 物理（電流とその利用）

問2. ある金属でできた電熱線の電気抵抗を測定した。
　　　電圧が1.2Vで、電流が300mAであった。

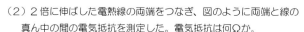

（1）この電熱線を一様に2倍に伸ばしてから、
　　　電気抵抗を測定した。この電気抵抗は何Ωか。

　　　　　　　　　　（　　　　　Ω）

（2）2倍に伸ばした電熱線の両端をつなぎ、図のように両端と線の
　　　真ん中の間の電気抵抗を測定した。電気抵抗は何Ωか。

　　　　　　　　　　（　　　　　Ω）

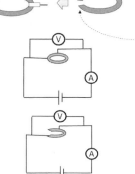

導線をつなぐ　　　丸める

（3）（2）の電熱線で、線の真ん中につないでいた
　　　導線を、片方の端から全体の1/4のところに付け
　　　替えて測定した。このときの電気抵抗は何Ωになるか。

　　　　　　　　　　（　　　　　Ω）

（4）（2）の電熱線で、途中に接続した導線から近い方の
　　　端を導線から外した。この時の電気抵抗は何Ωか。

　　　　　　　　　　（　　　　　Ω）

解答

ポイント①：　　抵抗は長くなると大きくなり、太くなると小さくなる。
ポイント②：　　金属を引き延ばすと、長く細くなる。
ポイント③：　　電気の通り道を考える。道が二つになるのは並列つなぎ。

問2　　元の電熱線の電気抵抗は　1.2÷0.3　＝4.0　　4.0Ω

（1）伸ばすと長さが2倍、太さが半分になる。つまり、電気抵抗は、

　　　　長さで ×2、細くなって ×2　よって 4倍になる。

　　　　求める抵抗値は　　16.0　Ω

（2）二本にして、並列つなぎにした。16Ωの抵抗を半分に切ると、

　　　1つ8Ω。

　　　　8Ωの並列つなぎと考える。合成抵抗は　1/8+1/8　＝　1/4　より　　　4Ω　になる。

（3）1：3に分けて、4Ωと12Ωの電熱線の並列つなぎになったと考える。

　　　　合成抵抗は　1/4 ＋ 1/12 ＝ 4/12 ＝1/3　よって　3Ω

　　　○チェック：　並列の合成抵抗は分数で求めて、最後に分母分子を入れかえる。

（4）4Ωの方が外れるので、12Ωが1本のみ。　よって　12Ω

103

1．1．3．物理（運動とエネルギー）

問3．図のようなAからBまでは斜面で、その後は水平になっている面上で玉がまっすぐに
転がるようにした。また、斜面の角度を大きくしたDからEまでの斜面も転がしてみた。
ここで、AとDの高さは等しく、面と玉の摩擦はないとする。

（1）点Cと点Fで、
転がる玉の速さを
比べるとどうなっ
ているか。

（　　　　　　）

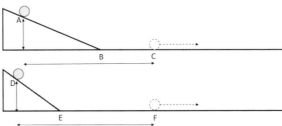

（2）点Bから水平面を転がる玉の運動は、何運動と言うか。

（　　　　　　　　　）

（3）AB間を転がる玉の運動は、何運動と言うか。（　　　　　　　　）

（4）摩擦や空気抵抗がないとき、点Cを通過した玉はその後どうなるか。

（　　　　　　　　　　　　　　　　　　　）

解答

ポイント①：　エネルギーは保存される。位置エネルギーが運動エネルギーに！
ポイント②：　力が加わらなければ等速直線運動。力が加わると加速運動。

問3

（1）元の位置エネルギーが同じであるので、運動エネルギーも同じ。

速度は　同じになる。

（2）　水平面では、等速直線運動。

（3）　斜面では、重力によって、等加速度運動　になる。

$9.8m/s^2$ の加速度の力を受けて落ちていく。

（4）　力が加わらないのでそのままの速さで転がっていく。

104

1．1．4．化学（身のまわりの物質）

問4．物質、実験器具についての以下の文の空欄をうめなさい。

（1）金属に共通した主な性質として、表面に独特の（ア　　　　　）があり、電気が流れやすい（イ　　　　性）、熱が伝わりやすい（ウ　　　　性）、力を加えて薄い箔にできる（エ　　　　性）、伸ばすと細い線になる（オ　　　　性）をもつ。また、金属は炎の中に入れるとその金属特有の色が表れる（カ　　　　反応）を示す。

（2）ガスバーナーの炎が小さいときは、（キ　　　）側のガス調節ねじを（ク　　　　　　）まわりに回し、青色の炎にするため、（ケ　　　）側の空気調節ねじで調整する。アルコールランプの火を消すときに、ふたをして火を消した後、もう一度ふたを外して再度ふたをする。この理由は（コ　　　　　　　　　　　　　　　　）ためである。

（3）気体を集める方法には、水上置換法、上方置換法、下方置換法がある。酸素、水素は（サ　　　　　　　　　）ため、（シ　　　　　　　　　　）を用いる。アンモニアは、（ス　　　　　　　）、空気より（セ　　　　　　）ため、（ソ　　　　　　　　　）を用いる。二酸化炭素は、空気より（タ　　　　　）ため（チ　　　　　　　　）を用いるが、（ツ　　　　　　　　　）でも集めることができる。

（4）100ｇの水（溶媒）に何ｇまで溶けるかを（　　　　　　）と言う。
20℃の水 100ｇには、食塩は 35.8ｇ溶ける。20℃の食塩の飽和水溶液の濃度は、約（　　　　）％となる。

解答

ポイント①：実験器具の使い方、実験装置について思い出そう。
ポイント②：濃度は　溶質の質量÷（溶質＋水）の質量

問4

（1）ア：金属光沢　イ：電気伝導性　ウ：熱伝導性　エ：展性（てんせい）　オ：延性（えんせい）　カ：炎色反応　（2）キ：下　ク：反時計（左）　ケ：上　コ：ふたがとれなくなるのを防ぐ　（3）サ：水にとけにくい　シ：水上置換法　ス：水にとけやすく　セ：軽い　ソ：上方置換法　タ：重い　チ：下方置換法　ツ：水上置換法

（4）溶解度と言う。溶質は35.8ｇで、水＋溶質の重さは135.8ｇ

　　　35.8 ÷ 135.8 ＝0.26・・　　約26％

１．１．５．化学（化学変化と原子・分子）

問５．以下の反応を示す化学反応式を完成させ、問いに答えなさい。

（１）磁石につく黒い粉に、薄く黄色い粉を混ぜて灰色の混合物をつくり、十分に加熱すると、さらに黒くなったものに変わった。この黒い物質は磁石にはつかなかった。

　　　反応式（　　　　　　　　　　　　　　　　　　　　　　）

　　問　加熱後にできた黒い粉に硫酸をかけると嫌なにおいがした。このにおいの原因は何か。

（２）スチールウールを燃焼させると、重くなった。

　　　反応式（　　　　　　　　　　　　　　　　　　　　　　）

　　問　木綿の綿を燃焼させると、その重さはどうなるか。

（３）黒い酸化銀を加熱すると白い物質が現れた。

　　　反応式（　　　　　　　　　　　　　　　　　　　　　　）

　　問　用意した酸化銀と比べ、後にできた物質全体の重さはどうなるか。

（４）炭酸水素ナトリウムを加熱すると液体と気体が出てきた。その気体は石灰水に入れると白く濁った。

　　　反応式（　　　　　　　　　　　　　　　　　　　　　　）

　　問　このように１種類の物質を複数の物質に変える反応を何と言うか。

解答

ポイント①：反応には化合と分解があり、酸素との反応は、酸化と還元がある。

問５

（１）鉄と硫黄の化合　反応式　$Fe+S → FeS$

　　　硫酸をかけると、硫化水素が発生する。　H_2S

（２）酸化反応 $2Fe+O_2→2FeO$

　　　一方、有機物は燃えると二酸化炭素となって出て行くので軽くなる。

（３）還元（分解）　$2Ag_2O → 4Ag+O_2$　酸素がとれてその重さが減るので　軽くなる。

（４）分解　$2NaHCO_3 → Na_2CO_3 + H_2O + CO_2$　分解反応

106

1．1．6．化学（化学変化とイオン）

問6．7種類の液体があります。これらの液体は、（食塩水、蒸留水、塩酸、砂糖水、アンモニア水、エタノール、水酸化ナトリウム水溶液）でした。

（1）赤色リトマス紙の色を青色に変える水溶液をすべて選びなさい。

水溶液（　　　　　　　　　　　　　　　　　　　　　　）

（2）アルミニウムを入れると気体を出して溶ける水溶液をすべて選びなさい。
　　また、このとき発生する気体は何か。

水溶液（　　　　　　　　　　　　　　）　気体（　　　　　）

（3）電源につなぎ電極を入れると、電気を通す水溶液をすべて選びなさい。

水溶液（　　　　　　　　　　　　　　　　　　　　　　）

（4）加熱して蒸発させると何も残らない水溶液をすべて選びなさい。

水溶液（　　　　　　　　　　　　　　　　　　　　　　）

1．1．7．全体（科学技術と人間）

問7．エネルギーは移り変わります。運動、位置、光、電気、音、熱、化学などのエネルギーがあり、総和は保ちつつ変化していきます。そこで、以下の内容の主なエネルギーの移り変わりを説明しなさい。

（1）植物は光合成をしてデンプンをつくる。

（2）ソーラーカーは太陽電池で発電して車を走らせる。

（3）豆電球が光る。

（4）石油による火力発電。

解答

> ポイント①：　酸性は　青色→赤　　アルカリ性は　赤色→青
> ポイント②：　気体が溶けている水溶液もある

問6

（1）　アルカリ性を示すもの　　　アンモニア水、　水酸化ナトリウム水溶液

（2）　塩酸、水酸化ナトリウム水溶液　　　出てくる気体はどちらも　水素

（3）　電解質（イオンになるもの）　食塩水、塩酸、アンモニア水、水酸化ナトリウム水溶液

（4）　気体が溶けているもの　　　塩酸、アンモニア水　　（蒸留水とエタノールは水溶液ではない）

問7　エネルギーの移り変わり

（1）光　→　化学　　（2）光　→　電気　→　運動

（3）電気　→　熱　→　光　　（4）化学　→　熱　→　運動　→　電気

1. 2. 第1分野（実践★★）

1. 2. 1. 物理（身近な物理現象）

問1. 弦楽器から出る音の高さの違いの理由を調べるため実験を行う。音の高さの違いの理由となる要因を聞いたところ、弦の長さ、太さ、張り（張る力）と三つの意見が出た。そこで、一本の弦の条件を変えて実験（モノコード実験）をすることになった。

（1）実験により三つの条件による音の高さの違いを調べるために、実験で必要なことは何か。　（　　　　　　　　　　　　　　　　　　　　　）

図のようなモノコード実験を行い、長さ、太さ（直径）、張る力（おもりの重さ）の三つの条件で実験を行ったところ、表の条件で同じ音の高さとなった。

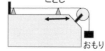

弦の長さ（cm）	弦の直径（mm）	おもり（g）
20	0.3	150
40	0.3	300
20	0.6	600
10	0.6	300
30	0.2	A

（2）同じ弦の長さとおもりの重さのとき、弦の直径が0.3㎜と0.6㎜ではどちらが高い音になるか。　　　　　　　　　　　（　　　　　　　）

（3）表のAのおもりの重さは何gになるか。　　　　　　（　　　　g）

（4）ある弦での実験に対しおもりの重さを5倍にして、弦の長さを1/5倍にしたとき、弦の直径は何倍にすれば、同じ高さの音になるか。　　　（　　　　倍）

解答

ポイント①：音の3要素（大きさ、高さ、音色）のうちの高さ（振動数）
ポイント②：弦の音が高くなるのは　短く、細く、引っ張るとき。

問1　（1）実験では、変える条件を一つにして他は変えない。二つの条件は同じにして、一つの条件だけ変えて調べる。

（2）高い音とは、激しく振動する方。つまり、細い方が震えやすいので、直径が0.3㎜の方が高い音になる。断面積に反比例するため、0.3㎜の方が4倍高くなる。

（3）ルールを見つけましょう。長さが2倍になるとおもりが2倍（表1段目―2段目）。一方、直径が1/2倍になると、長さが2倍、おもりが1/2倍になっている（表3段目―2段目）。長さが10cmの場合から考えると、長さが3倍、直径が1/3になっている（表4段目―5段目）。従って、おもりが1/3で100gになればよい。

○チェック　音の高さ（振動数）は、弦が長いと低く、強く引っ張ると高く、断面積が大きいと低くなる。

（4）表の1段目と4段目を見ると、おもりが2倍で長さが1/2になったとき、直径が2倍になっている。ここから、おもりが5倍、長さが1/5になったとき、直径は5倍になると考えられる。おもりを5倍にすると音の高さ（振動数）は5倍になり、弦を1/5の長さにすると音の高さ（振動数）は5倍になる。

5×5＝25倍　つまり1/25の音の高さ（振動数）になるように太さを変える。

直径を　5倍　にすれば　断面積　25倍となって音は1/25の高さになる。よって　5倍の直径。

108

1. 2. 2. 物理（電流とその利用）

問2. リニアモーターの原理を知る実験を行
った。図のように2本のアルミニウムのレ
ールの間に、全てN極を上にした丸い磁石
をしき詰め、レールに手回し発電機の端子
を取り付けた。レールの上に丸棒を置い
て、手回し発電機を回して実験する。

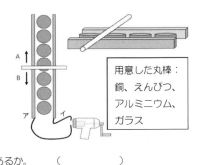

用意した丸棒：
銅、えんぴつ、
アルミニウム、
ガラス

（1）銅の丸棒を使ったとき、丸棒はBの方
向に転がった。このとき手回し発電機の
＋極はア、イどちらのレールに接続してあるか。　　（　　　　　　）

（2）手回し発電機のハンドルを（1）のときと反対に回してみた。このとき、銅の丸棒
は、A、Bのどちら側に転がるか。　　（　　　　　　）

（3）用意した4つの丸棒の中で、転がらない丸棒があった。それはどれか。該当するもの
を全て答え、その理由も答えなさい。転がらない丸棒（　　　　　　　　　　）
　　　　　　理由（　　　　　　　　　　　　　　　　　　）

（4）アルミニウムの丸棒とガラスの丸棒を置いた場合では、手回し発電機の手応えが違っ
た。手応えが大きくなるのはどちらの丸棒を置いたときか。

（　　　　　　　　　　　　　　　　）

解答

ポイント①： 電流が流れることで磁界が発生し、磁界のバランスが壊れ動く。
ポイント②： 磁界を重ねよう！　磁界が弱まった方向へ動かされます。
ポイント③： 電流の向きが右手親指、4本の指方向に磁界（アンペール）

問2

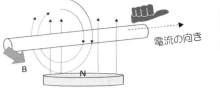

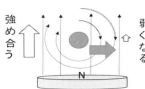

（1）磁石はNが上向きより、下から上へ磁界。B方向に転がることから、電流がつくる磁界は、B側が弱
まり、A側が強くなっている。そのように磁界をつくる電流は、上の図のように、棒のまわりでB側で
は下向き、A側では上向きになるように磁界ができる。右ネジの法則からアからきた電流が棒を通って、
イの方向へ流れることになる。つまり、アが＋極で、こちらから電流が流れる。

（2）手回し発電機を逆に回すと、電流が反対方向へ。このとき、電流が作る磁界の向きが反対方向になる。
磁界が弱めあうのがA方向になり、A側へ転がる。

（3）えんぴつとガラス。電気を通さないので磁界ができない。

（4）電気をつくると手応えになる。つまり電気が流れるアルミニウム。

109

１．２．３．物理（運動とエネルギー）

問３．ＡさんとＢさんが力を合わせて、滑車で荷物を持ち上げる実験をしました。２人は体重計にのって、28kg の荷物を 80ｃｍ持ち上げたときの体重も測定し、力の伝わり方を考えました。体重は Ａさんが 40kg、Ｂさんが 50kg で、滑車の重さは全て 2kg です。図のように 80ｃｍ荷物を持ち上げるのに１分かかりました。ここで地球の重力加速度を約 10m/ｓ^2 とし、ひもの重さは無視できるとします。

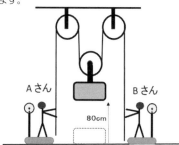

（１）荷物を持ち上げて静止させたとき、Ａさんと Ｂさんがひもを引く力は何 N か。

（Ａさん　　　　　 N、Ｂさん　　　　　 N）

（２）Ａさんはひもを 50ｃｍ引き下げました。Ｂさんが引き下げたのは何ｃｍとなるか。

（　　　　　　　 ｃｍ）

（３）このとき、Ａさん、Ｂさんの体重計の針は、何 kg を指しているか。

（Ａさん　　　　 ｋｇ、　Ｂさん　　　　 ｋｇ）

（４）ＡさんとＢさんの行った仕事率は、それぞれ何 W になるか。

（Ａさん　　　　　 W、　Ｂさん　　　　　 W）

解答

> ポイント①：動滑車は２本の線で持ち上げるので、それぞれ半分ずつの力。
> ポイント②：力は半分でよいが、ロープを引く長さは持ち上げる距離の２倍に
> ポイント③：仕事は　力（N）×距離（m）。仕事率は　仕事÷時間（秒）。

問3

（１）持ち上げる重さは、荷物 28ｋｇ、動滑車 2kg。合わせて 30kg を二人で持ち上げる。一人、15kg ずつ。15kg 分を持つ力は地球の重力に対して 15（kg）×10（m/ｓ^2）＝150（N）。

Ａさん　150N　　　　　Ｂさん　150N

（２）80ｃｍ動滑車で持ち上げるには、ロープを２倍の 160cm 引く必要がある。Ａさんが 50cm 引いたので、のこり 110ｃｍをＢさんが引くことになる。　　　　よって　110cm

（３）ＡさんもＢさんも、荷物と動滑車分で 30ｋｇの半分を持ち上げている。つまり、15kg で上に引かれている。（作用反作用）15kg 軽くなっているので、体重計の針は、Ａさんは 25kg、Ｂさんは 35ｋｇを指すことになる。

（４）Ａさんの仕事は、150N×0.5m＝75J　　Ｂさんの仕事は、150N×1.1m＝165J

仕事率は　仕事÷時間（秒）。　今 60 秒仕事をしたので、

Ａさんの仕事率は　75÷60＝1.25　1.25W　　　Ｂさんの仕事率は　165÷60＝2.75　2.75W

1．2．4．化学（身のまわりの物質）

問4．硝酸カリウムの水溶液をつかって実験を行った。硝酸カリウムが100gの水に溶ける質量の水溶液の温度による違いを溶解度曲線として図のようなグラフがえられた。グラフ中の数字は各温度での溶解度を示している。このとき、以下の問いに答えなさい。

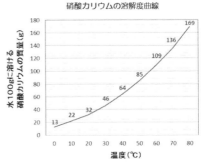

硝酸カリウムの溶解度曲線

（1）45％の硝酸カリウム水溶液200gに水を加えて、30％の濃度にした。加えた水は何gか。　（　　　　　g）

（2）60℃で、飽和した硝酸カリウムが418gある。放置して水が蒸発し50g減った。このとき、何gの硝酸カリウムが再結晶化して析出されるか。　（　　　　　g）

（3）50℃で濃度が45％の硝酸カリウム水溶液300gを、30℃まで冷やすと硝酸カリウムが再結晶化して出てきた。ろ過し、ろ液を200g取り出して、それを60℃まで温めた。この水溶液にはあと約何gの硝酸カリウムを溶かすことができるか。
　（　　　　　g）

（4）80℃で、濃度が50％の硝酸カリウム水溶液が300gある。この水溶液を30℃まで冷やしたとき、再結晶となって析出する硝酸カリウムは何gか。（　　　　　g）

解答

> ポイント①：濃度と溶解度の違いに注意
> ポイント②：溶媒（水）を基準に温度と溶ける量を比で考えます。

問4

（1）図をかこう！　$0.45×200+0=0.3×(200+X)$

　　Xについてとくと、　X＝100　　　よって水100g加える

（2）　水50gに溶けていた硝酸カリウムが溶けなくなって出てくる。60℃の水100gに109g溶けて
　　いるので、半分の50gの水では、109×0.5　＝　54.5　　　よって54.5g　出てくる。

（3）45%の硝酸カリウム水溶液300gとは、ほぼ飽和している。30℃まで冷やした水溶液のろ液とは飽
　　和水溶液である。

　ステップ1）200gの飽和水溶液に含まれる硝酸カリウムの質量を求める。

　　　飽和水溶液は、100gの水に46g溶けるので、146gの水溶液に46gの硝酸カリウムが含まれる。

　　　ここで200gの水溶液を取り出したので、ここに溶けている質量をYとすると、

　　　　146：46　＝　200：Y　　と比を使って、　Y　＝　63.0・・

　　　つまり200gの水溶液に　約63.0g入っている。この水溶液は、全体200g、水137g、硝酸カリ
　　　ウム63gとなっている。

　ステップ2）60℃で137gの水に何gの硝酸カリウムが溶かせるかを考える。

　　　グラフより60℃の水では100gに109gまで溶けるようになるので、60℃で137gの水があると
　　　き、ここにZgまで溶かすことができるとして、比を使って

　　　　100：109　＝　137：Z　より、　Z　＝　149.3・・

　ステップ3）　137gの水に溶かす量で比較する。

　　　従って、　60℃の137gの水に149.3gまで溶けるところに63.0g溶けていることから、

　　　　149.3－63.0　＝　86.3　　となり、　後、約86.3g溶けることになる。

○チェック：溶解度は水100gに対しての溶質の質量。　温度が変わると水100gに溶ける量が変わる。

　　　　　　　　　質量比は　水：溶質：水溶液　＝　100：A：100+A

　　　　　　　　　重要：温度を変えるときは、水の質量を基準に比を使う。

（4）50%の硝酸カリウム水溶液300gとは、150gの硝酸カリウムと150gの水ということである。
　　150gの水に150gの硝酸カリウム。一方、30℃の硝酸カリウムは、水100gに46gしか溶けない。
　　30℃で水150gでは、69gまで溶ける。（100：46＝150：69）ということは、150の内の69し
　　か溶けないことになる。　　よって、　81gの硝酸カリウムが析出する。

112

1．2．5．化学（化学変化と原子・分子）

問5．マグネシウム、銅、酸化銀の粉末を用意し、ステンレス皿に入れてうすくひろげ、ガス
バーナーで何度か加熱してその質量の変化を調べる実験を行った。その結果が表のように
なった。

物質	加熱前	1回目の加熱後	2回目の加熱後	3回目の加熱後
マグネシウム	2.4 g	4.0 g	4.0 g	4.0 g
銅	2.4 g	2.9g	3.0 g	3.0 g
酸化銀	8.7 g	8.3 g	8.1 g	8.1 g

（1）それぞれの反応の化学反応式を書きなさい。

（2）酸化銀を1回目に加熱した後、黒い粉末と白い粉末が見えた。酸化銀は何g残ってい
ると考えられるか。　　　（　　　　　　　　　　g）

（3）この実験の結果から、マグネシウム1.8gを十分加熱すると、反応後、何gになってい
ると言えるか。　　　　　（　　　　　　　　　　g）

（4）銅の粉末を4.0g用意して加熱すると、色が変わらなかった粉が残った。その質量を
量ると4.8gになっていた。反応せずに残った銅は何gあったと考えられるか。
　　　　　　　（　　　　　　　　　　g）

ポイント①：　金属と酸素はある割合で結びつく。
ポイント②：　反応したものと反応しなかったものを注意して扱う。

問5

（1）$2Mg+O_2→2MgO$　　　$2Cu+O_2→2CuO$　　　$2Ag_2O→4Ag+O_2$

（2）すべてが分解されて銀になると、8.7gが8.1gまで減っている。つまり、酸化銀は酸素が0.6gと銀が8.1gでできている。1回目の加熱で、8.3gになって、この後残りの酸素0.2g分が分解されて出くことになる。つまり、0.2gの酸素を含む酸化銀が残っている。

　　　　$0.6：8.1　=　0.2：X$　　より　　X=2.7　　よって2.7g

（3）マグネシウムは2.4gが酸化して4.0gになった。酸素が1.6g化合した。

　　　　$Mg：MgO　=　2.4：4.0　=　1.8：Y$　　　　　$Y=3.0$　　　　よって　3.0g

（4）図示してみよう。反応する銅がXg、残る銅がYgとすると、

　　4.0g　が　全部で4.8gになったのだから、加わった酸素は0.8g。

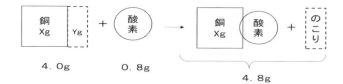

表から、銅：酸素：酸化銅　=2.4：0.6：3.0

従って、0.8gの酸素に結び付くのは　$2.4：0.6　=　X：0.8$　より

　　　$X　=　3.2$　　　　$X+Y=4.0$　より　　　　$Y=0.8$

　　よって　反応せずに残った銅は　0.8g　となる。

Tea Break：やる気がでないなと思ったら…

今までやったことを振り返る

ある程度時間が経ってくると、人は誰でも飽きてきます。できない問題ばかりだと、自信をなくしたりもします。こんなときは、今までやったことを振り返ってみましょう。これまで解いたノートを見るでもかまいません。これまで解いた問題を見るでもかまいません。きれいな方眼紙を用意して、これまで勉強したと思う分だけ、方眼紙を黒く塗りつぶすのでもかまいません。あなたはこれまでに十分に勉強しています。あなたが解ける問題もたくさんあります。自信を持ちましょう。

　　　　　　　➢　合言葉：振り返れば、そこには成果が

1．2．6．化学（化学変化とイオン）

問6．水溶液に電圧をかけたときにおこる変化を調べる実験を
行った。

実験1：うすい水酸化ナトリウムに炭素棒の電極を入れて電源
につなぎ、出てきた気体を集める実験を行った。このとき、
図のように電極B側の方が多く気体が集まった。

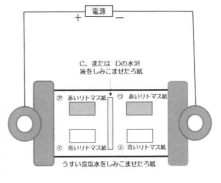

（1）電極のA、Bで、陽極（＋極）はどちらか。（　　　）

（2）A側の気体とB側の気体は何か。また、A側の体積と
B側の体積の比はおよそどうなるか。

（A　　　　　）（B　　　　　）（A：B ＝　　　　　）

実験2：図のような装置で、うすい食塩水をし
みこませたろ紙に電源をつなぎ電圧をかけ、
水酸化ナトリウムC、または、塩酸Dをしみ
こませた細いろ紙を図のようにはりつけ、そ
の両側に赤色リトマス紙㋐㋒、青色リトマス
紙㋑㋔をはってリトマス紙の色の変化を観
察した。

（3）水酸化ナトリウムCをしみこませたろ紙
で実験した場合、どのリトマス紙がどのよ
うに変化するか。また、その理由を答えな
さい。　リトマス紙　（　　　　　　　）

理由（　　　　　　　　　　　　　　　　　　　　　）

（4）塩酸Dをしみこませたろ紙で実験した場合、どのリトマス紙の色が変化するか。

リトマス紙　（　　　　　　　）

解答

ポイント①：　うすい水酸化ナトリウム水溶液の電気分解は水の電気分解
ポイント②：　反応式の係数の比は、モルの比、気体の体積比になる。

問6

（1）水の電気分解$2H_2O \rightarrow 2H_2 + O_2$　　体積比は水素：酸素＝2：1。Bが水素、Aが酸素。水素イオン
はH^+より陰極へ移動。従って、B側が陰極。酸素イオンは陽極へ移動。従って、A側が陽極。

（2）A酸素、B水素、　体積比　1：2

（3）水酸化ナトリウムは、水酸基イオン　OH^-　によりアルカリ性。マイナスイオンは陽極へ移動する。
アルカリ性は、赤いリトマス紙が青になる。従って、㋐の赤いリトマス紙だけが反応して青くなる。

（4）塩酸は水素イオンによって酸性を示す。水素イオンはプラスイオンであるので、陰極へ引き寄せられ
る。つまり、㋔の青いリトマス紙が赤くなる。

115

1．2．7．全体（科学技術と人間）

問7．電気エネルギーの有効利用として、照明が白熱電球からLED（発光ダイオード）電球
へと置き換わっています。そこで、消費される電力量を比較するために、
実験室で豆電球とLEDを使って実験を行いました。

実験1：手回し発電機で光らせて、手応えの違いを調べる。

実験2：豆電球とLEDを同じ電池（電圧）で光らせ、そのときの電流の
大きさを調べた。その結果が表のようになった。

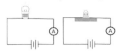

	豆電球	LED
電圧（V）	2.0	2.0
電流（mA）	200	2.5

（1）実験で使った豆電球とLEDの電力は何Wか。また、使用エネルギーの比は豆電球が
LEDの何倍になっていると言えるか。

　　豆電球（　　　　　W）　LED（　　　　　W）　（　　　　　倍）

（2）（1）の結果を踏まえて、実験1の手応えの違いから、手で回した仕事（使ったエネル
ギー）はどちらが大きいと言えるか。　　（　　　　　　　）

実験3：そこで、図のように豆電球とLEDの直列つなぎと並列つなぎの回路をつくってみた
ところ、A〜Dの中で、一つだけ光らなくなりました。

（3）光らなくなったのはどれか。また、その理由を答えなさい。

光らない（　　）　理由（　　　　　　　　　　　　　　　　　　）

（4）家庭の電球をLED電球に取り替えていくことで、省エネル
ギーにつながる理由を書きなさい。

　　理由（　　　　　　　　　　　　　　　　　　）

解答

ポイント①：　発光ダイオードは少ない電気で光る。電気抵抗が大きい。
ポイント②：　大きな運動エネルギーが大きな電気エネルギーになる。
ポイント③：　電力（W）＝電流（A）×電圧（V）＝1秒の移動距離×力

問7　（1）豆電球の電力＝0.2×2＝0.4　0.4W　LEDの電力＝0.0025×2＝0.005　　0.005W
従って、　0.4÷0.005　＝80　　　よって　80倍の電力

（2）豆電球の方が、使った電力が大きい。つまり大きな仕事をしている。そのため、豆電球を光らせる方
が、手応え（力）が大きくなる。

（3）光ることが確認できなくなるほど暗いのがD。理由：LEDの電気抵抗が大きくなるから。直列つなぎ
では、抵抗が大きく電流が小さくなるため、豆電球が光るほど電気が流れない。

　　　LEDの電気抵抗は　2÷0.0025＝800　800Ω　　一方、豆電球は　2÷0.2＝10　10Ω
　　　直列では、810Ωの抵抗となる。電流は0.0025A。　並列では、それぞれが光る。

　　　○チェック　LEDは電気抵抗が大きく、直列つなぎでは電流が流れにくくなる。

（4）発光ダイオード（LED）は小さな電流で光り、消費電力が小さいため。消費電力の比は数十〜数百倍
と桁違いであり、わずかな電気エネルギーで照明としてLED電球を利用できる。

116

第2節　第2分野

2．1．第2分野（基礎★）

2．1．1．生物（いろいろな生物とその共通点）
○以下の（1）～（4）の文の（　　）に当てはまる用語を答えなさい。
- （1）花のめしべのもとの膨らんだ部分を子房といい、子房の中には将来、種子になる（　　　　）がある。
- （2）植物の根から吸い上げられた水が、葉などから水蒸気となって出ていくことを（　　　　）という。
- （3）双子葉類の太く中心となる根を主根、そこから枝分かれした細い根を側根というが、根の先端より少しもとに近い部分に見られる主根や側根よりも細く綿毛のように見えるものを（　　　　）という。
- （4）花をその作りで分類してみると、花弁が1枚ずつ分かれている離弁花と、花弁がつながっている（　　　　）花がある。

2．1．2．生物（生物の体のつくりと働き）
○以下の（1）～（4）の文の（　　）に当てはまる用語を答えなさい。
- （1）多細胞生物では色々な形態の細胞が集まって組織をつくり、いくつかの組織が集まって（　　　）をつくる。（　　　）はさらにいくつかが集まって個体がつくられる。
- （2）ヒトの小腸の壁にはたくさんのひだがあり、その表面には小さな突起である（　　　）が数多く見られる。
- （3）背椎動物のうち、気温が大きく変化しても体温をほぼ一定に保つことができる動物は（　　　　）という。
- （4）コウモリの翼やクジラのひれ、あるいはヒトの腕など、現在の形やはたらきは異なっていても、もとは同じものから変化したものを（　　　　　　）という。

解答

2．1．1．（1）胚珠　（2）蒸散　（3）根毛　（4）合弁

2．1．2．（1）器官　（2）柔毛　（3）恒温動物　（4）相同器官

2. 1. 3. 生物（生命の連続性）
○次の（1）～（4）の文の（　　　）に当てはまる用語を答えなさい。
（1）からだを作る細胞が数を増やすために分裂することを体細胞分裂といい、生殖腺において配偶子をつくる時に行う細胞分裂を（　　　）分裂という。
（2）受精を行わずに個体を増やす生殖を（　　　）という。
（3）生物が生殖細胞をつくる時に、対になっている遺伝子は別れて別々の生殖細胞に入ることを（　　　）の法則という。
（4）2007 年に京都大学の山中伸弥博士の研究グループは、一度分化した細胞を初期化して（　　　）細胞を作り出すことに成功した。

2. 1. 4. 地学（大地の成り立ちと変化）
○次の（1）～（4）の文の（　　　）に当てはまる用語を答えなさい。
（1）マグマが急に冷えて固まった火山岩は、石基と（　　　）からなる斑状組織をもつ。
（2）地震のはじめの小さな揺れを（　　　）という。
（3）地表の岩石は、風化、（　　　）されて、れき、砂、泥などになる。
（4）（3）のれき、砂、泥などは、流水により、（　　　）され、水の流れがゆるやかになった海底などで堆積し、地層をつくる。

2. 1. 5. 地学（気象とその変化）
○次の（1）～（4）の文の（　　　）に当てはまる用語を答えなさい。
（1）気象要素には、気温、（　　　）、気圧、風向、風力などがある。
（2）1 気圧は 1013（　　　）である。・・・単位を答えよ！
（3）性質の異なる気団が接するとすぐに混じらずにできる境の面を（　　　）という。
（4）日本列島付近では、夏は南東、冬は北西の（　　　）風が吹く。

2. 1. 6. 地学（地球と人間）
○次の（1）～（4）の文の（　　　）に当てはまる用語を答えなさい。
（1）太陽のように自ら発光する天体を（　　　）という。
（2）太陽の表面には、温度の低い部分があり、（　　　）という。
（3）天体の位置や動きを表す見かけ上の球形の天井を（　　　）という。
（4）天体が（　　　）を通過することを南中という。

解答

2. 1. 3.（1）減数　（2）無性生殖　（3）分離　（4）iPS
2. 1. 4.（1）斑晶　（2）初期微動　（3）侵食　（4）運搬
2. 1. 5.（1）湿度　（2）hPa　（3）前線面　（4）季節
2. 1. 6.（1）恒星　（2）黒点　（3）天球　（4）子午線

第2節　第2分野

2.2.第2分野（実践★★）

2.2.1.生物（いろいろな生物とその共通点）

○顕微鏡の使い方について次の（1）～（4）の問いに答えなさい。

（1）顕微鏡を持ち運ぶときは両方の手で持って運ぶ。その際、顕微鏡のどことどこを持つ
　　のが正しいか。顕微鏡の部位の名前を2つ答えよ。（　　　　　）（　　　　　）

（2）焦点は対物レンズとプレパラートの距離を調節して合わせる。このとき対物レンズと
　　プレパラートの間の距離は遠ざけながら合わせるか、あるいは近づけながら合わせる
　　かのどちらが正しいか。理由も答えよ。

（3）試料に焦点が合っている場合、さらに高倍率で観察しようとして対物レンズを換える
　　ための手順を説明せよ。

（4）接眼レンズは5×、15×の2種類があり、対物レンズは10、20、40の3種類があ
　　る場合、この顕微鏡で観察できる最大および最小の倍率はそれぞれ何倍か。

解答

2.2.1.（1）アーム、鏡台

（2）遠ざけながら合わせる　理由）近づけながら合わせると、焦点が合った位置を気づかずに通り過ぎて
　　しまった場合、対物レンズとプレパラートが接触してしまい、レンズを汚してしまったりプレパラー
　　トを割ってしまったりする危険性があるから。そのため、まず顕微鏡の横から見ながら対物レンズと
　　プレパラートとの間の距離を最も近くなるように近づけて、次に顕微鏡をのぞいてその位置から対物
　　レンズとプレパラートとを遠ざけながら焦点を合わせる。

（3）対物レンズとプレパラートとの間の距離は変えないようにして、そのままリボルバーを回して対物レ
　　ンズを高倍率のものに換える。換えた後も対物レンズとプレパラートとの間の距離はほとんど変えず
　　に微調整して観察する。（一度、焦点を合わせてしまえば、対物レンズの倍率を変えても焦点はほと
　　んど変わらない。よく間違いとして、一度対物レンズをプレパラートから遠ざけておいて、対物レンズ
　　を高倍率に換え、改めて焦点を合わせ直しているのを見かけるが、その必要はない）

（4）最大＝600倍、最小＝50倍

２．２．２．生物（生物の体のつくりと働き）

○体のつくりと働きについての、次の（１）～（３）のそれぞれの問いに答えなさい。

（１）図は小学校の教育実習において、４年生を担当した実習生が、「わたしたちの体と運動」の授業をする際に、人の腕とその内部の骨と筋肉を模式的に表そうとして板書した図である。このような図は実習生などの研究授業でしばしば見かけるが、ありがちな間違いがどこかにある。その間違いを指摘せよ。

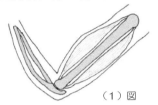

（１）図

（２）小学校で、ご飯を潰したものを水で薄めて２本の試験管に入れ、１本にはヨウ素溶液のみを、もう１本にはヨウ素溶液とだ液を加えて、試験管を２本とも40℃の湯に浸ける実験をした。しばらくした後で２本の試験管の中の液体の色を比較観察したところ、だ液を加えた方の試験管の液の紫色が薄くなっていた。この実験で児童に説明したいことと同じことが説明できる実験は次のうちどれか。記号で答えよ。　　（　　　　　）

ア．小麦粉にヨウ素溶液をかけると紫色になるが、小麦粉を使って焼いたパンもヨウ素溶液をかけると紫色になる。

イ．２つの小さく切ったろ紙の１つには水を染み込ませ、もう１つにはだ液を染み込ませて、これらのろ紙を２つともぬるま湯に浮かべたオブラートの上に乗せた。しばらくするとだ液を染み込ませろ紙だけオブラートに穴が空いてぬるま湯の中に落ちた。

ウ．日当たりの良い場所に生えていたクローバーの葉を採取してきて、ろ紙に挟んでゴムのハンマーで叩くことでクローバーの色をろ紙に写し取った。このろ紙を漂白したのち、ヨウ素溶液をかけると紫色の反応が現れた。

エ．糖尿病を調べる試験紙に砂糖水をつけると反応が現れたが、ご飯を潰して水で薄めた液をつけても反応は現れなかった。

（３）ヒトの体のほとんどの器官（臓器）には酸素を取り入れるための動脈と、二酸化炭素を排出するための静脈が接続している。しかしある器官には一般的に門脈と呼ばれる血管も接続している。門脈は消化管などからどの器官へ繋がっているか。　　（　　　　　）

解答

２．２．２．（１）図では上腕（肩からひじの間）の筋肉を書き表しているが、その筋肉の両端が１本の骨（上腕骨）の両端に付いてしまっている。これでは筋肉を収縮しても腕は曲がらない（１本の骨の両端を引っ張っても曲がるところがないので曲がらない）。正しくは解答の図の通りである。ひじ側の筋肉の端（腱）が上腕骨ではなく前腕骨に付いている（矢印の部分）。（２）イ（だ液によってデンプンが消化

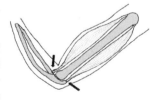

されて減ることを示した実験。オブラートはデンプンでできているのでだ液で分解されて穴が空いた）（３）肝臓（小腸などで吸収した物質は一旦、肝臓へ送られ、そこで有害な物質などはある程度無毒化される）

2. 2. 3. 生物（生命の連続性）

○次の（1）～（4）の問いに答えなさい。

（1） ヒトの染色体の数は何本か。 （ ）本

（2） 生物の染色体の数を数えるには、細胞分裂の中期が良いとされている。理由を答えよ。

（3） トウモロコシの絹糸（けんし）と呼ばれるいわゆるヒゲの数は実の数と同じと言われている。このことからトウモロコシのヒゲはどのようなもの（植物の部位）だと推測できるか。 （ ）

（4）ある生物の細胞を採取して核内のDNAを抽出した。このDNAに含まれる塩基の割合を測定したところ、アデニン（A）は 18％であった。そのほかの塩基のグアニン（G）、シトシン（C）、チミン（T）の割合（％）を計算せよ。

G：（ ）％ C：（ ）％ T：（ ）％

解答

---

2. 2. 3. （1）46本

（2）細胞分裂の中期には染色体が細胞の赤道面と呼ばれる1つの面に奥行きなく並ぶ。そのため顕微鏡で観察するとすべての染色体に同時に焦点を合わせることができるので、本数を数えるのに適している。

（3）めしべ の一部

（4）G：32％ C：32％ T：18％

（A、G、C、Tで100％を占める。AとT、GとCは結合しているので必ず同じになる。よって A：18％、G：32％、C：32％、T：18％で合計100％となる）

Tea Break：やる気がでないなと思ったら…

場所を変える

今、あなたはどこで勉強していますか？静かな自分の部屋？誰かのいるリビング？友達と一緒に図書館？集中できなくなったら、場所を変えましょう。新しい場所に、新しい集中できる時間があります。

➤ 合言葉：悪いのはあなたではなく、今いるその環境である

２．２．４．地学（大地の成り立ちと変化）
〇ある場所で発生した地震をA、B、C、Dの4地点で観測した。A、B、C、Dの4地点は、実際に地震が発生した場所から、それぞれ8㎞、20㎞、28㎞、40㎞離れている。また、A、B、Cの各地点にP波とS波の揺れが始まった時刻は、それぞれA地点（P波：10時20分04秒、S波：10時20分06秒）、B地点（P波：10時20分07秒、S波：10時20分12秒）、C地点（P波：10時20分09秒、S波：10時20分16秒）であった。
　　これについて、次の（1）～（4）の問いに答えなさい。
（1）C地点の初期微動継続時間はどれだけか。　　　（　　　　　　　）

（2）P波の速さはどれだけか。　　　　　　　　　（　　　　　　　）

（3）S波の速さはどれだけか。　　　　　　　　　（　　　　　　　）

（4）40㎞地点でのP波の初期微動継続時間はどれだけか。　　（　　　　　　　　）

解答

２．２．４．（1）7秒　10時20分16秒－10時20分09秒
（2）4㎞／秒
　　　A地点からB地点までの距離は、20㎞－8㎞＝12㎞　A地点からB地点までにP波がかかった時間
　　は、10時20分07秒－10時20分04秒＝3秒　よって、P波の速さは、12㎞÷3秒＝4㎞／秒
（3）2㎞／秒
　　　（A地点からB地点までの距離）÷（A地点からB地点までにS波がかかった時間）＝12㎞÷6秒＝
　　2㎞／秒
（4）10秒
　　　C地点からD地点までは、40㎞－28㎞＝12㎞離れているから、
　　　P波が始まる時間は、C地点から、12㎞÷4㎞／秒＝3秒かかるから、
　　　10時20分09秒＋3秒＝10時20分12秒
　　　S波が始まる時間は、C地点から、12㎞÷2㎞／秒＝6秒かかるから、
　　　10時20分16秒＋6秒＝10時20分22秒
　　　よって、D地点の初期微動継続時間は、20分22秒－12秒＝10秒

122

２．２．５．地学（気象とその変化）
○４日間、同じ時刻に、表面をよくふいた金属のコップに汲み置きの水を入れた時の水温（①）と、この水に氷を入れた試験管でコップの中の水をかき混ぜてコップの中の温度を下げ、コップの表面がくもり始めた時の温度（②）をはかった。その結果は、（１日目：①19℃、②9℃）、（２日目：①21℃、②9℃）、（３日目：①21℃、②17℃）、（４日目：①22℃、②7℃）であった。これについて、次の（１）、（２）の問いに答えなさい。
（１）コップの表面がくもり始めたとき、コップの周囲の空気中の水蒸気はどうなっているか。（　　　　　　　　　　　　　　　　　　　　　　　　　　　　　　　　　）
（２）４日間を湿度の低い順に並べなさい。（　　日目→　　日目→　　日目→　　日目）
（３）寒冷前線が通過するときの天気の変化を、「暖気の様子」、「できる雲の名前」、「降る雨の様子」、「通過後の気温の変化」の４つを使って説明しなさい。

（４）雲はなぜできるか、35字以内で説明せよ。

２．２．６．地学（地球と人間）
（１）与謝蕪村は「菜の花や月は東に日は西に」という俳句を作った。この時の月はどのような形をしていたか。　　　　　　　　　　　　　　　　（　　　　　　　　）
（２）オリオン座が22時に真南に見えた。１か月後に真南に見えるのは何時か。
　　　　　　　　　　　　　　　　　　　　　　　　　　　　　　　　　（　　　）時
（３）日本で四季が生じる理由を40字以内で説明しなさい。

（４）月がいつも地球に同じ面を向けている理由を30字以内で説明しなさい。

解答

２．２．５．（１）凝結し始めた　（２）４日目→２日目→１日目→３日目　①と②の差が大きいほど低い。
　　（３）暖気が上空高く押し上げられ、積乱雲が発達し、強い雨が短時間に降り、通過後は、気温が下がる。
　　（４）上空で、飽和水蒸気量を超えた水蒸気が水滴や氷の結晶になり、雲ができる。
２．２．６．（１）満月　月と太陽と地球のモデル図を描いて考えてみよう。
　　（２）20時　１か月後の22時には西に30°（１年で360°回るから、１か月では360°÷12か月）進む。１時間に西に15°（１日に360°回るから、１時間では360°÷24時間）進むから、同じ真南に見えるには、30°÷15°＝2時間前に真南に見える。
　　　　　よって、22時ー2時間＝20時になる。
　　（３）地球は地軸を傾けたまま公転して、太陽の南中高度や昼の長さが変化するから。
　　（４）月の自転周期と地球のまわりを回る公転周期が同じだから。
　　　　　自転と公転の同期という。月の場合は、どちらも約27.32日である。

【参考書】

	参考書 （ページ指定されている場合は該当ページを解く）	解いた日
1	東京教友会（2019）『即答型　ポケットランナー小学校全科』一ツ橋書店　理科	
2	東京アカデミー編（2019）『オープンセサミシリーズ教員採用試験対策問題集　専門教科　小学校全科』七賢出版　理科	
3	石井忠浩　監修（2016）『自由自在　中学理科』受験研究社	

Tea Break：やる気がでないなと思ったら…

人に話す（吐きだす）

SNS でもかまいません。自分の気持ちを吐きだすことが大切です。「あ～やる気でない。帰りたい。」とずっと思っているのなら、「あ～やる気でない。帰りたい。」と言いましょう。言ってみると、案外すっきりして、集中できたりします。

> 合言葉：気持ちはためるものではなく、吐きだすものである

Tea Break：こんな勉強方法も…

【視覚に訴える方法編】ノートはきれいさより、いかに記憶に残せるかを重視

ノートをきれいに書くと気分が高まりますが、最終目的はノートに書いた「内容」を頭の中に入れることです。提出物はきれいに書くべきですが、ノートに関しては自分が読めれば多少雑でも問題ありません（書きなぐった字の方がインパクトに残るという説も）。色は３つくらいまでにし、重要なポイントが目立つようにしましょう。

第5章　英語

第1節　文法

1. 1. 文法（基礎★）

問1　空所に入る適切な語句を語群から選んで丸で囲みなさい。

① I have a lot of (　　　　　) to do today.　　　　　　［ work, works ］　名詞

② She usually has a (　　　　　) of tea and (　　　　　) toast for breakfast.

　　　　　　　　　　　　　　　　　　　　　　　［ a, glass, cup, some ］　名詞

③ Could you bring me a (　　　　　) of chalk?　　　　　［ piece, sheet ］　名詞

④ (　　　　　) is important to learn about other cultures.　［ It, There ］　代名詞

⑤ "Do you have a red pencil?"　"Yes, I have (　　　　　).　　［ it, one ］　代名詞

⑥ "Whose notebooks are these?"　"(　　　　　) are (　　　　　)."

　　　　　　　　　　　　　　　　　　　　　　　［ It, They, me, mine ］　代名詞

⑦ I think you should hurry.　There is (　　　　　) time.　［ few, little ］　形容詞

⑧ I found the drama (　　　　　).　　　　　［ interesting, interested ］　形容詞

⑨ The game was (　　　　　) to me.　　　　　　［ exciting, excited ］　形容詞

⑩ My uncle cooks (　　　　　).　　　　　　　　　　　　［ good, well ］　副詞

⑪ Tom is (　　　　　) taller than his mother.　　　　　　［ very, much ］　副詞

⑫ It's around 10 p.m. at night and I haven't eaten dinner (　　　　　).

　　　　　　　　　　　　　　　　　　　　　　　　　　　［ yet, still ］　副詞

⑬ My sister studies English very (　　　　　).　　　　　［ hard, hardly ］　副詞

⑭ Okinawa is (　　　　　) than Hokkaido.　　　　　［ hotter, more hot ］　比較

⑮ Yokohama is the second (　　　　　) city in Japan.　［ larger, largest ］　比較

⑯ Running isn't as dangerous (　　　　　) boxing.　　　　　［ as, than ］　比較

⑰ An orange is (　　　　　) expensive than a melon.　　　［ much, less ］　比較

⑱ That's the convenience store (　　　　　) just opened yesterday.

　　　　　　　　　　　　　　　　　　　　　　　　　　［ who, which ］　関係詞

125

① work　work は「仕事」の意味では不可算（＝数えられない）名詞なので複数形にできない。

② cup, some　tea と toast は不可算名詞。tea は容器(cup)を使えば数えることができる。

③ piece　chalk は不可算名詞。chalk は piece を使えば数えることができる。

④ It　It〜to…の it は形式主語で to…の部分が真の主語。

⑤ one　前出の名詞と「同種のもの」には one(=a red pencil)を、「同一のもの」には it(=the red pencil)を使う。

⑥ They, mine　前出の複数名詞(these)を再び指す場合は they を使う。mine は「私のもの」の意。

⑦ little　few/little は数や量が「ほとんどない」ことを表す。不可算名詞の前には little を置く。

⑧ interesting　find A B「A が B だと思う」A(=drama)は物事なので、B には interesting「(物事が)興味深い」が入る。interested は「(人が)興味を持っている」の意。

⑨ exciting　exciting は「(物事が)人を興奮させる」、excited は「(人が)興奮している」の意。

⑩ well　well は「うまく」の意で動詞(cook)を修飾する。good は「うまい」の意の形容詞。

⑪ much　比較級(taller)を強める場合は much「ずっと、はるかに」を使う。

⑫ yet　否定文で「まだ〜ない」の意味を表わすのは yet。

⑬ hard　hard は「熱心に、一生懸命」、hardly は「ほとんど〜ない」の意。

⑭ hotter　hot の比較級は hotter。

⑮ largest　「the second + 形容詞の最上級」で「2番目に〜な」の意。

⑯ as　「not as + 原級 + as〜」で「〜ほど…でない」の意。

⑰ less　「less + 原級 + than〜」＝「not as + 原級 + as〜」

⑱ which　先行詞(the convenience store)が人ではないので関係詞は which を用いる。

Tea Break：やる気がでないなと思ったら…

単純作業をする

集中できないと感じるときにおすすめです。単純作業をしましょう。すぐにでもできる単純作業リストはこちらです。

・掃除　・筆箱のなかの整理整頓　・ノートにひたすら問題番号を書く　・問題集のなかから特定の文字だけを探す　・ノートの並び替えや問題集の整理整頓　・大事だと思ったページや出来なかったページにひたすら付箋を貼っていく　・逆に、これまで貼った付箋を全てはがす　・同じ漢字、単語や公式をひたすら書く

> 合言葉：単純作業、その先には集中あり

⑲ I know a lot of people (　　　　　) don't like animals.　　　[who, which]　関係詞

⑳ I've just finished (　　　　　) my report.　　　　[to write, writing]　準動詞

㉑ Would you mind (　　　　　) here a moment?　　　[to wait, waiting]　準動詞

㉒ He stopped (　　　　) when he saw his teacher.　　[to talk, talking]　準動詞

㉓ I learned (　　　　) English when I was working in London.

　　　　　　　　　　　　　　　　　　　　　[to speak, speaking]　準動詞

㉔ I'd like (　　　　) Egypt this summer.　　　　[to visit, visiting]　準動詞

㉕ I was too sick (　　　　) home.　　　　　[to walk, walking]　準動詞

㉖ Mary always (　　　　) coffee with lunch.　　　[drinks, drinking]　動詞

㉗ It (　　　　) a lot in Kanazawa in winter.　　[snows, is snowing]　動詞

㉘ (　　　　) the concert begin at seven?　　　　　　[Is, Does]　動詞

㉙ John usually reads an English newspaper, but today he (　　　　) a Japanese

　paper.　　　　　　　　　　　　　　　　　[is reading, reads]　動詞

㉚ When Jane and I went to the shopping center last week, I (　　　　) a coat.

　Jane didn't (　　　　) anything.　　　　　　[buy, bought]　動詞

㉛ While Bill (　　　　) the dishes last night, he (　　　　) some plates.

　　　　　　　　　　　[was washing, washed, was breaking, broke]　動詞

㉜ Mary (　　　　) English at the local high school since 2008.

　　　　　　　　　　　　　　　　　　　　　[has taught, taught]　動詞

㉝ I (　　　　) in Nagoya from 2012 to 2017.　　　[has lived, lived]　動詞

㉞ My son (　　　　) in the bank for four years.　[has worked, works]　動詞

㉟ Our teacher (　　　　) sick for two weeks.　　　[has been, is]　動詞

㊱ I (　　　　) never ridden an elephant before.　　　[have, did]　動詞

⑲ who　先行詞(a lot of people)が人なので関係詞は who を用いる。

⑳ writing　finish の後の目的語は〜ing 形になる。

㉑ waiting　mind の後の目的語は〜ing 形になる。

㉒ talking　stop の後の目的語は〜ing 形になる。

㉓ to speak　learn to *do*「(習得して)〜するようになる」

㉔ to visit　would like to *do*「〜したい」　※want to *do* よりは丁寧で控えめな表現。

㉕ to walk　too + 形容詞/副詞 to *do*　「〜するには…すぎる、あまりに…なので〜できない」

㉖ drinks　動作を表す動詞の現在形(drinks)は繰り返される習慣を表す。頻度を表す always などを伴うことが多い。

㉗ snows　「冬に多く雪が降る」という一般的な気候の特徴を説明している。現在形(snows)は永続的な性質や習慣を表す。

㉘ Does　一般動詞(begin)の疑問文は文の初めに Do または Does を用いる。

㉙ is reading　today(今日は)があるので現在の一時的な状態を表す現在進行形を用いる。

㉚ bought, buy　last week に着目し動詞の過去形を使う。一般動詞(過去形)の否定文は「didn't + 動詞の原形」の形式。

㉛ was washing, broke　過去にやり終わった動作は過去形(broke)で、そのときにまだ途中だった動作は過去進行形(was washing)で表す。while に続く節の中では進行形がよく使われる。

㉜ has taught　過去のある時(2008 年)から現在まで継続している出来事を表すのは現在完了形。

㉝ lived　現在とは切り離された過去(from 2012 to 2017)の出来事を表すのは過去形。

㉞ has worked　過去のある時から現在まで継続している状況を表すのは現在完了形。for〜などが用いられることが多い。

㉟ has been　過去のある時から現在まで継続している状況を表す現在完了形。

㊱ have　今までの経験「これまで〜したことがある/ない」を表すのは現在完了形。

㊲ The concert (   ) at three tomorrow afternoon.

[is going to start, started] 動詞

㊳ When I am in Osaka next week, I (   ) my grandmother.

[visit, will visit] 動詞

㊴ If it (   ) cold tomorrow, I'll stay home.　　[is, will be] 動詞

㊵ I missed the last bus last night.　I (   ) walk home.

[must, had to] 助動詞

㊶ This is a very interesting book.　You (   ) read it.

[should, may] 助動詞

㊷ When I was a child, I (   ) read a lot of books.

[used to, have to]　助動詞

㊸ Bob studied for nine hours today.　He (   ) be tired.

[must, can't]　助動詞

㊹ This building (   ) thirty years ago.　[was built, built]　受動態

㊺ Is English (   ) in Singapore?　[speaks, spoken]　受動態

㊻ I'm hungry (   ) I didn't have lunch.　[so, because]　接続詞

㊼ (   ) I was very tired, I didn't go to bed early.

[But, Though] 接続詞

㊽ (   ) color do you like better, green or red?

[Which, What] 疑問文

㊾ "How (   ) do you use your bicycle?"　"Once a week."

[often, long] 疑問文

㊿ How (   ) players are there in a baseball team?

[many, much] 疑問文

129

㊲ is going to start　tomorrow afternoon に着目して未来を表す表現(be going to *do*)を用いる。

㊳ will visit　next week に着目して未来を表す表現(will *do*)を用いる。

㊴ is　when や if などが使われた「時」や「条件」を表す節の中では未来のことであっても現在形を用いる。

㊵ had to　第1文の動詞(missed)から過去の話であることに着目。must には過去用法がないので、had to で代用する。

㊶ should　文脈から「読むといいよ」の意味の文にする。should *do*「～するのがよい、～すべきだ」

㊷ used to　「読んだものだった」の意味の文にする。used to *do*「以前はよく～したものだった」

㊸ must　文脈から「疲れているに違いない」の意味の文にする。must *do* (be など状態動詞)「～であるに違いない」

㊹ was built　This building が主語であることに着目して受動態(was built「建てられた」)を用いる。

㊺ spoken　English が主語であることに着目して受動態(Is～spoken「話される」)を用いる。

㊻ because　because 以下の部分が「理由」を表す。「昼食を食べなかったので」の意。

㊼ Though　though～「～であるけれども」の意で「譲歩」を表す。「とても疲れていたけれども」の意。

㊽ Which　選択肢(ここでは green と red)があり、その中でどれかを知りたい場合は which を使う。選択肢が与えられていない場合は what を使う。

㊾ often　Once a week に着目して頻度を尋ねる表現（How often～「どのくらいの頻度で」）を用いる。

㊿ many　複数形player<u>s</u>に着目して数を尋ねる表現（How many～」）を用いる。

【コラム】

文法は外国語（英語）の4技能（聞く、話す、読む、書く）の土台です。「文法」のセクションの正答率が低い場合、解答は合っていても、なぜその解答になるのかよく分からない場合は章末に挙げた参考書に取り組み、解説をじっくり読んで文法の基礎をしっかり理解するところから始めるとよいでしょう。文法は皆さんを苦しめるものではありません。文法を知ることでことばの仕組みが分かり、新しい展望が開けます。やみくもに覚えるのではなく、まず理解するように努めてください。心から「分かった！」と思えることが大切です。大学の授業も大いに活用しましょう。

1. 2. 文法 （実践★★）

問1 空所に入る適切な語句を語群から選んで丸で囲みなさい。

① There were a lot of (　　　　) in the farm. 　　［sheep, sheeps, sheepes］　名詞

② My daughter has lost two baby (　　　　). 　　［teeth, tooth, tooths］　名詞

③ Mr. and Mrs. Smith are our neighbors.　Our house is next to (　　　　).

［them, theirs, they］代名詞

④ I have two brothers.　One is a doctor and (　　　) is a student.

［another, an other, the other］代名詞

⑤ I have five cats.　One is male and (　　　) are female.

［another, the others, some］　代名詞

⑥ There are 6 hats.　One is white, (　　　) is blue, and (　　　) are pink.

［all, another, the other, the others］　代名詞

⑦ (　　　) bag is OK as long as it is easy to carry.

［Some, Any, All］　形容詞

⑧ (　　　) of the members were against his proposal.

［Three-twices, Two-third, Two-thirds］　数の読み方

⑨ I asked those two boys how to get to the station, but (　　　) of them replied.
They kept silent. 　　　　　　　　　　［either, both, neither］　代名詞

⑩ Be quiet.　Don't wake up the (　　　) babies.

［asleep, sleeping, slept］　形容詞

⑪ This classroom is large (　　　) to accommodate more than 100 students.

［spacious, enough, much］　形容詞

⑫ I have (　　　) eaten dinner.　I'm full. 　　［yet, still, already］　副詞

⑬ It was (　　　　) that she found her lost wallet.

［fortune, fortunate, fortunately］　品詞

131

① sheep　sheep の複数形は s をつけない。単数形と同じ sheep。

② teeth　「2本の乳歯」なので複数形 teeth が入る。単数形は tooth。

③ theirs　「彼らのもの（家）」。theirs は「their +先行名詞（ここでは「house」)」を示す。

④ the other　2つのもののうち、一方は one、もう一方は the other。

⑤ the others　「残りのもの全部」の意。

⑥ another, the others　3つ以上のもののうち、1つは one、別のもう1つは another、残りのもの全部は the others。

⑦ Any　any〜は「どんな〜でも」の意。

⑧ Two-thirds　「3分の2」。英語の分数は、「数字（分子を示す)」「ー（ハイフン)」「序数詞［順序を表す語]（分母を示す)」の順で表す。分子が2以上の時は、分母の序数詞に複数形を表す s がつく。

⑨ neither　「どちらも〜でない」という否定の意味を表すときは neither を使う。

⑩ sleeping　現在分詞（動詞の〜ing 形）は名詞を修飾して「〜している…」の意を表す。

⑪ enough　「形容詞＋enough＋to *do*」で「〜するには十分…である」の意。

⑫ already　already は完了形とよく一緒に使われる。「もうすでに〜した」。

⑬ fortunate　「It is ／ was ＋形容詞＋that 節（that ＋文)」。fortune は名詞、fortunately は副詞。

⑭ The fashion model I met yesterday was (   ) beautiful.

[extremely, extreme, extremity] 品詞

⑮ Yesterday there was a (   ) party near my house.

[noise, noisy, noisily] 品詞

⑯ The (   ) people listened to the speech quietly but then they began to
shout (   ) at the speaker.   [anger, angry, angrily] 品詞

⑰ This year's annual meeting will be held two months (   ) than it has in
the past.   [early, earlier, the earliest] 比較

⑱ This diamond ring is (   ) this pearl ring.

[as twice expensive as, as expensive as twice, twice as expensive as] 比較

⑲ This is the best stew I have (   ) eaten.

[ever, never, before] 比較

⑳ It cost as (   ) as 20,000 yen to fix my car.

[much, many, high] 比較

㉑ I know a girl (   ) brother is a baseball player.

[whom, who, whose] 関係詞

㉒ The wig (   ) the actress is wearing is gorgeous.

[that, what, when] 関係詞

㉓ This is (   ) I don't believe what Tom said. [which, why, what] 関係詞

㉔ In this restaurant you can order (   ) you want to eat.

[whatever, however, whoever] 関係詞

㉕ Don't forget (   ) the door when you leave.

[to lock, locking, lock] 準動詞

㉖ Last Sunday I had my son (   ) the kitchen.

[clean, cleaned, cleans] 準動詞

㉗ I had my purse (   ) in that crowded café.

[stole, stealing, stolen] 準動詞

⑭ extremely　後ろにくる形容詞 beautiful を修飾するのは副詞である extremely。

⑮ noisy　後ろにくる名詞 party を修飾するのは形容詞である noisy。

⑯ angry, angrily　後ろにくる名詞 people を修飾するのは形容詞である angry。

　　副詞である angrily は動詞句 began to shout を修飾する。

⑰ earlier　　than の前には比較級がくる。

⑱ twice as expensive as　倍数の表現。「〜times as ＋形容詞又は副詞の原級＋as A」で「A の〜倍

　　の…だ」の意。2 倍の場合は twice を使う。

⑲ ever　問題文の ever は最上級を強調。the best stew I have ever eaten「これまでに食べたな

　　かで最高のシチュー」。経験を表す完了形と一緒に使う ever は「これまでに一度でも（経験したか

　　どうか）」の意。before は「以前に、すでに」の意味で完了形と一緒に使えるが ever のような強調

　　の働きはなく、また have と過去分詞の間には入らない。

⑳ much　　as A as の後に具体的な数字が続くと「〜も」という意味になり、その数字がとても大き

　　いことを強調する。問題文では as に続く「20,000 yen」は金額で、個数ではなく量を示しているの

　　で much が使われる。

㉑ whose　　問題文は "I know a girl." と "Her brother is a baseball player." を関係代名詞で

　　つないで 1 文にしたもの。関係代名詞に置き換わる Her が所有格なので、所有格の関係代名詞であ

　　る whose が使われる。

㉒ that　　先行詞（The wig）が「もの」なので関係詞は that を用いる。

㉓ why　　先行詞はないが、文意から判断して「理由」を表わす関係詞 why を入れる。

㉔ whatever　whatever「どんな〜でも」「何でも」の意。

㉕ to lock　　「〜することを忘れない」「忘れずに〜する」という意の場合は、forget の後には to 不

　　定詞がくる。

㉖ clean　　「have＋人＋動詞の原形」で「人に…させる」の意。「息子に掃除をさせる」

㉗ stolen　　「have＋物＋動詞の過去分詞」で「物を…される」の意。「財布を盗まれる」

㉘ I feel like (　　　　) out right now.　　　　　　　　　[to go, going, go] 準動詞

㉙ On the way to the station, I saw something black (　　　　) the road.

[crossing, to cross, crossed] 準動詞

㉚ I'm getting used to (　　　　) in a big city.

[live, be lived, living] 準動詞

㉛ Who (　　　　) the window last night?

[did you break, broke, has broken] 動詞

㉜ I wish I (　　　　) part in the Australia School Internship, but I can't.

[could take, can take, am taking] 動詞

㉝ If I (　　　　) in Tokyo a week ago, I could have seen you.

[were, have been, had been] 動詞

㉞ If I (　　　　) a credit card, I could buy that dress.

[have, will have, had] 動詞

㉟ She (　　　　) English for 20 years next year.

[has studied, will study, will have studied] 動詞

㊱ My father (　　　　) three movies last week.

[has watched, was watching, watched] 動詞

㊲ It (　　　　) a lot last year.　　　　　[rains, was rain, rained] 動詞

㊳ I saw 5 girls in the classroom.　Each of them (　　　　) cleaning desks.

[was, is, were]　名詞　動詞

㊴ Ken and John are twins.　They closely (　　　　) each other.

[are resembling, resemble to, resemble] 動詞

㊵ My sister said she (　　　　) call me this evening.

[will,　would,　must] 助動詞

㊶ Today is holiday.　You (　　　　) go to school.

[don't have to, must not, wouldn't] 助動詞

㉘ going　feel like の後の目的語は〜ing 形になる。

㉙ crossing　知覚動詞（see, look at, watch, hear, listen, feel など）＋A＋動詞の原形又は〜ing 形。「A が〜しているのを見る／聞く／感じる」の意。

㉚ living　get used to の後の目的語は〜ing 形になる。

㉛ broke　疑問詞 Who が主語なので次には動詞がくる。過去を示す last night があるので動詞は過去形となる。

㉜ could take　I wish に続く文は、実現しそうにない現在又は過去の願望を述べる仮定法となる。現在の時点で実現不可能なことを表すのは「仮定法過去」で、時制は過去形を用いる。

㉝ had been　過去の事実とは違う仮定は「仮定法過去完了」で示される。時制は過去完了を用いる。

㉞ had　過去形 could が使われているので「仮定法過去」の文になる。

㉟ will have studied　未来のある時点で完了する動作を表す未来完了形。「will have ＋過去分詞」。

㊱ watched　過去を示す last week があるので動詞は過去形となる。

㊲ rained　過去を示す last year があるので動詞は過去形となる。動詞「rain」は「雨が降る」の意。

㊳ was　each は「おのおの、それぞれ」の意で単数扱い。

㊴ resemble　resemble は状態を表す動詞で進行形にはならない。他動詞なので動詞の後に目的語が直接くる。

㊵ would　主節の時制と従属節の時制は一致する。主節の時制が過去（said）なので従属節の時制も過去となり、過去形が使われる。

㊶ don't have to　文脈から「学校に行かなくてもよい」の意味の文にする。don't have to *do*「〜しなくてもよい」「〜する必要はない」。

Tea Break：こんな勉強方法も…

【時間の有効活用編】アプリを活用する

漢字、英単語、歴史等、勉強用のスマートフォンアプリもたくさんあります。自分の目的・レベルに適したものを選べば、移動時間等を利用して気軽に勉強できます。ただし、頭では理解しているのに正しく書けない…ということのないように、手で書く練習も忘れずに。

㊷ I ( ) have done my homework earlier.　My teacher was mad at me.

[must , might, should]　助動詞

㊸ If you want to stay healthy, you ( ) work till midnight.

[didn't have better,　hadn't better,　had better not]　助動詞

㊹ A new city hall ( ) near the river now.

[is being built,　is built,　is going to be built]　受動態

㊺ What is this bird ( ) in English?

[calling, called, be called]　受動態

㊻ "( ) did you study Korean?"　"By watching Korean movies."

[How,　Where,　Why]　疑問詞

㊼ "( ) were you late for the meeting?" "The train was delayed."

[How,　When,　Why] 疑問文

㊽ "( ) did Apollo 11 land in 1969?"　"On the moon."

[Which, When, Where] 疑問文

㊾ "( ) covers 70% of the earth's surface?"　"Water."

[What,　Where,　Who] 疑問文

㊿ "( ) is that woman in black?"　"My mother."

[What,　How,　Who] 疑問文

137

㊷ should　文脈から「もっと早く宿題をすべきだった」の意味の文にする。should have *done*「～すべきだった（にもかかわらず実際にはしなかった）」

㊸ had better not　had better の否定形は had better not。

㊹ is being built　現在進行形の受動態。「be 動詞＋being＋過去分詞」。

㊺ called　疑問詞を使った受動態。

㊻ How　"By watching…"（～よって）と返答しているので、質問は「手段」を尋ねる How を使う。

㊼ Why　返答では理由を述べているので、質問は「理由」を尋ねる Why を使う。

㊽ Where　返答では場所を述べているので、質問は「場所」を尋ねる Where を使う。

㊾ What　「地上の 70％を覆っているものは何(What)ですか」「水です」

㊿ Who　「あの黒い服を着ている女性は誰(Who)ですか」「私の母です」

【コラム】「英語の勉強のいい方法を教えて下さい」

> よく聞かれる質問ですが、いい方法があればこちらが教えてもらいたい！というのが正直な答えです。それでもひとつ言えるとすれば、勉強の目的によって勉強方法は違ってくるということです。間近に迫った試験の対策であれば、単語や表現を詰め込み式で覚えることが効率的でしょう。やみくもに覚えただけの知識はすぐ忘れてしまうかもしれませんが、とりあえず試験の時に記憶に残っていればいいのです。もっと将来を見据えて英語力をつけたいのであれば、毎日少しずつ英語を聞いたり読んだりする習慣をつけるといいでしょう。通学のバスや電車に乗っている時間をうまく利用して下さい。今はありとあらゆる本や参考書、教材、学習用のサイトがあります。好きな音楽や動画、映画も活用できます。選択肢が多すぎて迷うかもしれませんが、いろいろ試しているうちに自分に合う使いやすいものがきっと見つかると思います。

2．1．単語・表現（基礎★）

問1　空所に入る適切な語句を語群から選んで丸で囲みなさい。

① I belong (　　　　　) a basketball team.　　　　　　　　　　　[for, to]

② Shizuoka is famous (　　　　　) its green tea.　　　　　　　　[for, to]

③ Yumi really takes (　　　　　) her mother.　　　　　　　　[after, like]

④ Ken is always afraid (　　　　　) making mistakes.　　　　　　[of, to]

⑤ Aki took part (　　　　　) the speech contest last week.　　　　[by, in]

⑥ Could you take (　　　　　) your shoes here?　　　　　　　　[on, off]

⑦ That dress doesn't (　　　　　) me.　It's too small.　　　　　[fit, suit]

⑧ I (　　　　　) my history test.　I have to take it again.　　　[caught, failed]

⑨ "I (　　　　　) a bad toothache."　"You should see a dentist."　[have, make]

⑩ Can I (　　　　　) your computer for a while?　　　　　　　[lend, borrow]

⑪ How long will it (　　　　　) if I walk to the park?　　　　　[take, cost]

⑫ Mom, could you (　　　　　) me up at 6:00 tomorrow morning?　[wake, call]

⑬ I don't know how to (　　　　　) this puzzle.　　　　　　　[solve, answer]

⑭ I (　　　　　) on a lot of weight during my holiday in Italy.　[put, took]

⑮ I'd like to (　　　　　) a seat for this concert.　　　　　　[reserve, agree]

⑯ My mother didn't (　　　　　) me to go out at night alone.　　[allow, let]

⑰ Jane always (　　　　　) glasses.　　　　　　　　　　[puts on, wears]

⑱ Tom has a lot of (　　　　　) in teaching English.　　[experience, subject]

⑲ Is it (　　　　　) to finish this task by tomorrow?　　[expensive, possible]

⑳ Could you (　　　　　) me up at the bus stop?　　　　　　　[pick, grow]

㉑ I often (　　　　　) a bath before breakfast.　　　　　　　[make, take]

㉒ I'm (　　　　　) forward to working in Tokyo.　　　　　[looking, putting]

㉓ My mother is (　　　　　) of being a teacher.　　　　　　[ready, proud]

㉔ Were you in (　　　　　) for the last bus?　　　　　　　[time, place]

㉕ I met an old friend on my (　　　　　) to work.　　　　　　[way, road]

139

① to　belong to A「Aに所属している」

② for　be famous for A「Aで有名な」

③ after　take after A「A（親などに外見が）似ている」

④ of　be afraid of ～ing「～するのではないかと恐れる」

⑤ in　take part in A　「Aに参加する」

⑥ off　take off A「Aを脱ぐ、はずす」

⑦ fit　fit A「（サイズなどが）Aにぴったりあう」　※suit は「似合う」の意。

⑧ failed　fail A「A（試験など）に落ちる」

⑨ have　have a toothache　「歯が痛い」　※病状の表現には have が多く用いられる。

⑩ borrow　borrow「借りる」　※lend は「貸す」の意。

⑪ take　take　「（時間が）かかる」　※cost は「（費用が）かかる」の意。

⑫ wake　wake A up = wake up A「Aを起こす、Aを目覚めさせる」

⑬ solve　solve A「A（問題やパズルなどを）を解く」

⑭ put　put on = gain「（体重などが）増す」

⑮ reserve　reserve A「A（席、切符など）を予約する」

⑯ allow　allow A to *do* = let A *do*「Aに～するのを許す」

⑰ wears　wear A「Aを身につけている」　※put on は「身につける」という動作を表す。

⑱ experience　experience「経験」

⑲ possible　possible「（物事が）可能な」

⑳ pick　pick A up = pick up A「Aを（車で）迎えにいく」

㉑ take　take a bath「入浴する」

㉒ looking　look forward to A「Aを楽しみにして待つ」

㉓ proud　be proud of A「Aを誇りとしている」

㉔ time　be in time for A「Aに間に合って」

㉕ way　on one's way to A　「Aへの途中で」

㉖ Something is wrong (　　　　　) this car. 　　　　　　　　[with, by]

㉗ Ken is afraid of making a speech in front (　　　　　) the class. 　　[of, to]

㉘ We had a lot of (　　　　　) at the camp last summer. 　　　[fun, interest]

㉙ My daughter graduated (　　　　　) university last year. 　　　[to, from]

㉚ My father went (　　　　　) a business trip to Tokyo yesterday. 　　[on, in]

㉛ This book is really (　　　　　) reading. 　　　　　　　[worth, valuable]

㉜ "Do you need anything (　　　　　)?"　"No, that's all." 　　　[other, else]

㉝ I returned to my hometown (　　　　　) the first time since 2005. 　[for, at]

㉞ Our office is (　　　　　) from the shopping center. 　　[across, between]

㉟ We enjoyed hiking in (　　　　　) of the bad weather. 　　[because, spite]

㊱ How (　　　　　) eating dinner at my place tonight? 　　　[about, like]

㊲ Do you (　　　　　) if I turn down the air conditioner? 　　[wonder, mind]

㊳ Help yourself (　　　　　) tea or coffee at any time. 　　　　[to, with]

㊴ Go straight (　　　　　) three blocks and turn right. 　　　　[for, at]

㊵ Mary asked me to (　　　　　) hello to you. 　　　　　　[tell, say]

㊶ My grandmother has a hard (　　　　　) falling asleep these days.

　　　　　　　　　　　　　　　　　　　　　　　　　　　[time, place]

㊷ We had to put (　　　　　) our trip until next month. 　　　　[off, up]

㊸ Our teacher told us to put our cell phones (　　　　　). 　　[out, away]

㊹ I tried (　　　　　) several pairs of jeans. 　　　　　　　[with, on]

㊺ I don't want to cook tonight.　Why don't we eat (　　　　　)? 　[in, out]

㊻ It is important to look (　　　　　) the meaning of new words in your dictionary.

　　　　　　　　　　　　　　　　　　　　　　　　　　　[up, after]

㊼ Nancy was absent (　　　　　) class five times last year. 　　[to, from]

㊽ Could you help me (　　　　　) these heavy bags? 　　　　[with, by]

㊾ I'm not familiar (　　　　　) Japanese history. 　　　　　[at, with]

㊿ I think we depend (　　　　　) computers too much. 　　　[about, on]

㉖ with　wrong with A「Aの調子が悪い」

㉗ of　in front of A「Aの前で（に）」

㉘ fun　have fun「楽しむ」

㉙ from　graduate from A「A(学校)を卒業する」

㉚ on　go on a trip to A「Aに旅行に行く」

㉛ worth　worth *doing*「〜するだけの価値がある」

㉜ else　else「（その）ほかに」※who/what や something/nobody などの語の次に来る。

㉝ for　for the first time「初めて」

㉞ across　across from A「Aの向かい側に」

㉟ spite　in spite of A「Aにもかかわらず」

㊱ about　How about A?「Aはどうですか?」※相手に提案するときの表現。

㊲ mind　Do you mind if I〜「私が〜しても構いませんか?」※許可を求めるときの表現。

㊳ to　help oneself to A「Aを自分で取って食べる（飲む）」

㊴ for　距離や時間の長さを表す場合は for を用いる。

㊵ say　say hello to A「Aによろしくと言う」

㊶ time　have a hard time *doing*「〜するのに苦労する」

㊷ off　put off A「Aを延期する」

㊸ away　put away A = put A away「Aを片づける」

㊹ on　try on A = try A on「Aを試着する」

㊺ out　eat out「外食する」

㊻ up　look up A「（辞書や参考書などで）Aを調べる」

㊼ from　be absent from A「Aに欠席して、Aに不在で」

㊽ with　help A with B「AをBのことで助ける」

㊾ with　be familiar with A「Aをよく知っている」

㊿ on　depend on A「Aに頼る、Aに依存する」

【コラム】

　文法とともに、基本的な単語の意味と使い方、熟語の知識も英語の土台作りとして重要です。解けなかった問題は単語・熟語の意味を英和辞典で調べておきましょう。意味だけでなく使い方もぜひ英和辞典で確かめてください。たとえば wear は「身に付けている（着ている、はいている、かけている、はめている）」という状態を表し、put on は「身に付ける（着る、はく、かける、はめる）」という一回きりの動作を表します。また、wear の訳語からも分かるように日本語では、「ジーンズをはいている」「めがねをかけている」「ぼうしをかぶっている」「ネクタイを締めている」「シートベルトをしている」「口紅をしている」「香水をつけている」などさまざま動詞が使われますが、英語ではこれらをすべて wear で表現できます。一方、日本語の「すみません」は謝罪だけでなく感謝にも用いられますが、英語では謝罪なら I'm sorry.、感謝なら Thank you.と言い分ける必要があります。言語間には微妙な違いも存在します。「cook=料理する（料理を作る）」と覚えている人も多いかと思いますが、cook は「加熱して料理を作る」という意味なので「サラダを作る」では cook は使えず make などを使います。

　このような英語と日本語の違いも英和辞典にはくわしく説明されています。辞書を「読んで」言語間の違いを（そして共通点も）楽しんでください。それは皆さんのことばへの気づきを促し、さらにことばへの感覚を鋭敏にし、英語だけでなく母語である日本語の力も伸ばすことができるでしょう。「外国語を知らないものは、自分の国語についても何も知らない」ドイツの詩人・小説家ゲーテの言葉です。

2. 2. 単語・表現（実践★★）

問1 空所に入る適切な語句を語群から選んで丸で囲みなさい。

① Our English class will be finished (　　　　) 3 p.m. 　　　　[by, for, till]

② What did you eat (　　　　) lunch today? 　　　　[at, for, to]

③ Where did you stay (　　　　) your winter vacation?

　　　　[about, during, with]

④ I saw a big bird flying high (　　　　) the roof of my house.

　　　　[above, on, through]

⑤ It's so hot! Don't go out (　　　　) your hat. 　　　　[within, without, on]

⑥ How (　　　　) are you open today? 　　　　[far, late, much]

⑦ We are open (　　　　) 6 in the evening. 　　　　[until, to, on]

⑧ I drank (　　　　) coffee to keep me awake. 　　　　[deep, strong, keen]

⑨ I was caught in a (　　　　) jam. 　　　　[car, traffic, road]

⑩ You can read this web magazine (　　　　).

　　　　[all the way, for free, on sale]

解答

① by　by「～までに」　※till「～まで」

② for　for lunch / breakfast / dinner「昼食に／朝食に／夕食に」

③ during　during「～の間じゅうずっと」

④ above　above the roof も on the roof も「屋根の上に」という意味だが、above the roof は「屋根よりも高い位置にあり、屋根との間に空間がある状態」で、on the roof は「屋根と接触している状態」

⑤ without　without「～なしで」

⑥ late　How late...?「どれくらい遅くまで（＝いつまで）」

⑦ until　until 6「6時まで」

⑧ strong　strong coffee「濃いコーヒー」。「薄いコーヒー」は weak coffee。

⑨ traffic　traffic jam「交通渋滞」

⑩ for free　for free「無料で」

144

⑪　I have (　　　　　) to do with that robbery.　I'm innocent.

[anything,　nothing,　something]

⑫　(　　　　　) me, I don't agree to your plan.

[Because of,　As for,　Instead of]

⑬　Could you do me a (　　　　　) and carry these suitcases upstairs?

[favor,　help,　support]

⑭　We must follow the (　　　　　) rules in the laboratory.

[safe,　safety,　safely]

⑮　Have you decided (　　　　　) or not to apply for that position?

[while,　whether,　why]

⑯　"Kengakuno Kokoro" is one of the (　　　　　) subjects at our university.

[required,　open,　designed]

⑰　As the elevator was (　　　　　), I had to walk up the stairs.

[on time,　out of order,　as usual]

⑱　First, please (　　　　　) in the form.　　　　[fill,　write,　hold]

⑲　Did you (　　　　　) in your report to the professor?　　[toss,　turn,　get]

⑳　I didn't get up early this morning because the first period class was

(　　　　　).　　　　　　　　[picked,　closed,　canceled]

<table>
<tr><td colspan="2" align="center">解答</td></tr>
</table>

⑪ nothing　have nothing to do with A　「A とは関係ない」

⑫ As for　As for はおもに文頭に置かれる。「〜に関する限り、〜に関しては」

⑬ favor　do A(人) a favor　「A の頼みを聞く」

⑭ safety　safety rules　「安全のための規則」

⑮ whether　whether or not　「〜かどうか」

⑯ required　required subjects　「必修科目」

⑰ out of order　out of order　「故障中」

⑱ fill　fill in　「(書類などに) 記入する」

⑲ turn　turn in　「(書類などを) 提出する」

⑳ canceled　cancel　「取り消す」

145

㉑ I have no (　　　　　） in action movies.　　[reason,　feeling,　interest]

㉒ My sister cried for joy when she received an (　　　　　） letter from the university she wanted to enter.　　[acceptance,　expenses,　opportunity]

㉓ We are not sure if he will (　　　　） up to the party.

[show,　wake,　ride]

㉔ I have a cold and a (　　　　） nose.　　[runny,　running,　run-on]

㉕ My sister (　　　　） her boyfriend from the same high school.

[married,　married to,　married with]

㉖ I have a (　　　　） that he will pass the entrance exam.

[feeling,　mind,　soul]

㉗ Can you (　　　　） your report in one hour?

[accept,　interrupt,　complete]

㉘ I'll pay the admission (　　　　） for you.

[cost,　money,　fee]

㉙ I can't (　　　　） this hot summer any more.　　[like,　stand,　sit]

㉚ I (　　　　） childhood education at university.

[hand in,　major in,　part in]

解答

㉑ interest　have no interest in A 「A には全く興味がない」

㉒ acceptance　acceptance 「受け入れること」　acceptance letter 「合格通知、採用通知」

㉓ show　show up 「現れる、姿を現す」

㉔ runny　have a runny nose 「鼻水が出る」

㉕ married　marry は他動詞なので目的語が必要となる。marry A 「A と結婚する」

㉖ feeling　have a feeling that ～　「～という気がする」

㉗ complete　complete 「完成させる」

㉘ fee　admission fee 「入場料」

㉙ stand　can't stand 「耐えられない、我慢できない」

㉚ major in　major in A　「A を専攻する」

146

㉛ Though the wind was very strong, the train left (　　　).

[on time,　by heart,　for good]

㉜ She seems to (　　　) meeting me these days.

[avoid,　force,　prevent]

㉝ His picture is known (　　　) people all over the world.　[for, by, to]

㉞ "How often do you attend the English Conversation Salon?"

"That (　　　), but usually once a week."　　[depends,　counts,　tells]

㉟ We are (　　　) out of milk.　Will you go and buy some?

[running,　reducing,　cutting]

㊱ Seen from a (　　　), the building looked taller.

[distance,　direction,　disorder]

㊲ The store is temporarily closed due to (　　　).

[renovation,　reform,　resignation]

㊳ Please (　　　) yourself at home and have a drink at any time.

[take,　make,　bring]

㊴ Nobody trusts Teddy because he never (　　　) a promise.

[keeps,　breaks,　reserves]

㊵ The Olympic Games are held (　　　) four years.　　[any,　all,　every]

解答

㉛ on time　　on time 「時間通りに」

㉜ avoid　　avoid 「避ける」

㉝ to　　be known to A 「A に知られている」

㉞ depends　　That depends 「それは時と場合による」

㉟ running　　run out of A 「A を切らす、使い果たす」

㊱ distance　　from a distance 「遠くから」

㊲ renovation　　renovation 「改装、リフォーム」　※reform は「改善、改革」の意。

㊳ make　　make oneself at home 「(自宅にいるかのように) くつろぐ」

㊴ keeps　　keep a promise 「約束を守る」

㊵ every　　every 「～毎、～ごとに」 every four years 「4 年ごとに」

147

㊶ In these areas many people suffer from (　　　　).

[poverty,　poor,　fortune]

㊷ The bridge between the town and the island is (　　　　) construction.

[on, up, under]

㊸ My schedule for this week is very (　　　　).　　[sharp,　tight,　long]

㊹ I'd (　　　　) it if you would lend me some money.

[thank,　appreciate,　suppose]

㊺ Alice isn't exactly a (　　　　).　I've met her before.

[stranger,　traveler,　friend]

㊻ If you buy two T-shirts, you will get a 15% (　　　　).

[decrease,　discount,　sales]

㊼ Some fast foods are (　　　　) for their high calories.

[criticized,　mistaken,　responded]

㊽ I have an (　　　　) to see Dr. Jones at 10 o'clock.

[orientation,　appointment,　election]

㊾ He likes to watch baseball games in his (　　　　) time.

[spare,　space,　small]

㊿ My sister was so (　　　　) in her work that she didn't notice my text

message.　　　　　　　　　　[absorbed,　supposed,　applied]

解答

㊶ poverty　　poverty 「貧困」　suffer from A　「A に苦しむ」

㊷ under　　under 「～をしている過程で、～中で」　under construction 「工事中」

㊸ tight　　tight 「予定などがぎっしり詰まっている」

㊹ appreciate　I'd appreciate it if ～　「～していただけたらありがたい」

㊺ stranger　　stranger 「見知らぬ人」

㊻ discount　　get a discount 「割引を得る」

㊼ criticized　　criticize A （人）for B　「A を B のことで非難する」

㊽ appointment　　appointment 「予約」

㊾ spare　　in one's spare time 「余暇の時間に」

㊿ absorbed　be absorbed in A　「A に夢中になる、没頭する」

148

【参考書】◆下記に指定されたページ以外もぜひ取り組んで下さい。

	参考書 （ページ指定されている場合は該当ページを解く）	解いた日
1	旺文社編（2019）『英検3級 でる順 合格問題集 新試験対応版』旺文社 「大問1 短文の語句空所補充 でる度A-C」のページ	
2	山田暢彦（2017）『英検3級をひとつひとつわかりやすく新試験対応版』学研 pp.12-41、pp.48-67	
3	旺文社編（2017）『英検準2級 でる順 合格問題集 新試験対応版』旺文社 「大問1 短文の語句空所補充 でる度A-C」のページ	
4	旺文社編（2017）『英検準2級総合対策教本』旺文社 「第1章 文法」のページ	
5	旺文社編（2017）『英検準2級総合対策教本』旺文社 「第2章 単語・熟語」のページ	
6	旺文社編（2017）『英検準2級集中ゼミ』旺文社 「基礎編3日目 文法」および「応用編13日目 文法」のページ	
7	旺文社編（2017）『英検準2級集中ゼミ』旺文社 「基礎編1日目 単語」「基礎編2日目 熟語」および「応用編11日目 単語」「応用編12日目 熟語」のページ	

【コラム】「どうしたら英語ができるようになりますか」

　これもよく聞かれる質問ですが、「英語ができる」とはどういうことでしょうか。試験のスコアが高いこと？　外国人と自由におしゃべりできること？　海外ドラマを字幕なしで理解できること？　洋楽の歌詞を聞き取れること？　まずは自分にとっての「英語ができる」の意味を考えてみましょう。それによってできるようになる方法も違ってきます。

　またひとつ言えるとすれば、日本で普通に生活する限り、何もしないのに「いつのまにか」「自然に」「ひとりでに」英語ができるようになることはまずない！ということです。日本では英語ができなくても全く生活に困りません（授業ではちょっと困るかもしれませんが、週168時間のうちせいぜい3時間ぐらいのことです）。日常生活で英語を使う必要性はめったにありませんし、使わないと生きていけない状況に追い込まれることもほとんどありません。「英語を頑張る」時間と「英語を気軽に楽しむ」時間を自分で、意識してたくさん作ってみましょう。時間の積み重ねの先に、「あ、英語ができる！」と実感する時がきっと訪れます。

　本ガイドブックの英語の実践編の正答率が80％以上だった人は、次のステップとして英検準2級、2級を受験して、自分の英語力を試して自信をつけて下さい。

第6章　論作文

第1節　原稿用紙の使い方・推敲

1．1．原稿用紙の使い方・推敲（基礎★）

問1　原稿用紙の使い方を説明した次の文の（　　　）に入る適当な言葉を答えなさい。

①1マスに（　　　）・（　　　）が原則である。ただし、ローマ字や外国語などをアルファベットを使って書く場合は、その部分のみ横書きにして、1マスに（　　　）（大文字は1マス1字）をあてる。また、促音（っ）や拗音（ゃ）も1字を1マスに書く。ただし、2019年といった数字を横書きする場合には、20を（　　　）に、19を次の1マスに書いてもよい。

②句読点や（　　　）を行頭に書かないこと。それらが行頭にきてしまう場合は前の行の最後の（　　　）内に文字と一緒に書くか、マスの（　　　）に書くこと。――や……は、（　　　）分使うこと。

③題名・氏名は、初めの3～5行を使って書くこと。題名は、1行目か（　　　）に（長い場合は（　　　）にかかってもよい）、行頭から（　　～　　）マス空けて書き、氏名は、行を変えて、姓と名の間および行末を（　　　）分空けて書くこと。

④書き出しは、1マス空けて書くこと。本文は、氏名の次の行か、1行空けて書き始める。書き出しは、最初の（　　　）分を空けて、2マス目から書くこと。また、新しい（　　　）の書き出しも、行を変え、最初の1マス分を空けて2マス目から書くこと。

⑤会話は、原則として「　」でくくり、行を改めること。その場合、最初の（　　　）分は空けなくてもかまわない。

⑥引用は、短い場合は「　」でくくって示す。長文・詩歌などの引用は、行を改め、引用文全体を（　　　）分ほど下げて書くとよい。

解答

問1　①1文字・1符号・2文字・1マス　　②符号・マス・外・2マス
　　　③行目・次の行・2～3・1マス　　④1マス・段落　　⑤1マス　　⑥2マス

150

問2　「私の夢」という題で論作文の書き出しの１文までを書いてみましょう。

<table>
<tr><td></td><td></td><td></td><td></td><td></td><td></td><td></td><td></td><td></td><td></td><td></td><td></td><td></td><td></td><td></td><td></td><td></td><td></td><td></td><td></td></tr>
<tr><td></td><td></td><td></td><td></td><td></td><td></td><td></td><td></td><td></td><td></td><td></td><td></td><td></td><td></td><td></td><td></td><td></td><td></td><td></td><td></td></tr>
<tr><td></td><td></td><td></td><td></td><td></td><td></td><td></td><td></td><td></td><td></td><td></td><td></td><td></td><td></td><td></td><td></td><td></td><td></td><td></td><td></td></tr>
<tr><td></td><td></td><td></td><td></td><td></td><td></td><td></td><td></td><td></td><td></td><td></td><td></td><td></td><td></td><td></td><td></td><td></td><td></td><td></td><td></td></tr>
<tr><td></td><td></td><td></td><td></td><td></td><td></td><td></td><td></td><td></td><td></td><td></td><td></td><td></td><td></td><td></td><td></td><td></td><td></td><td></td><td></td></tr>
<tr><td></td><td></td><td></td><td></td><td></td><td></td><td></td><td></td><td></td><td></td><td></td><td></td><td></td><td></td><td></td><td></td><td></td><td></td><td></td><td></td></tr>
<tr><td></td><td></td><td></td><td></td><td></td><td></td><td></td><td></td><td></td><td></td><td></td><td></td><td></td><td></td><td></td><td></td><td></td><td></td><td></td><td></td></tr>
</table>

問3　教育論作文について説明した次の文の（　　　　）に入る適当な言葉を答えなさい。

①教育論作文の文体は（　　　　）が一般的である。

②教育論作文では、専門用語の的確な使用が求められる。例えば、「児童・生徒」とある場合は、児童は（　　　　）、生徒は（　　　　）・（　　　　）を指す。また、「父兄」ではなく、（　　　　）を、「先生」ではなく（　　　　）を、「勉強」ではなく、（　　　　）の語を用いるのが一般的である。さらに、指導の立場にあることを考えると、授業で児童・生徒に「理解してもらう」という表現は適切ではなく、「（　　　　　　　　）」や「（　　　　　　　　）」とすべきである。

③以下のような誤字にも注意したい。

「専問→（　　　　　）」、「成積→（　　　　　）」、「生従→（　　　　　）」。

解答

問2　以下の観点で推敲する

　　題名・氏名の行、書き出しの位置は、正しいか。（　　　）

　　本文の書き出しは、１行空け、１マス空けて書いてあるか。（　　　）

　　文のねじれはないか。（　　　）

　　誤字脱字はないか。（　　　）

　　句読点は、きちんと付けられているか。（　　　）

問3　①常体　　②小学生・中学生・高校生・保護者・教員・学習・理解させる・理解を促す

　　③専門・成績・生徒

問4　次の文を2文に分け、不必要なことばを省いたり句読点を打ったり適切な接続詞を補ったりして、筋の通った文章に直しなさい。

> 今年はあいにくの雨だったので期待していたご来光を拝むことができず残念だったが富士登山をして感じたことはとても苦しかったが忍耐力の養成になったし、根気もついた。

問5　次の文を3文に分け、不必要なことばを省いたり句読点を打ったり適切な接続詞を補ったりして、筋の通った文章に書き直しなさい。

> 私の長所は明るさと根気強さで、すぐにおこってしまうので、この性格を直したいと思うが、なかなか直らないので困るので仲間から嫌われないかと思って心配しています。

解答

問4

> 　今日は、あいにくの雨だったので、ご来光を拝むことができず残念だった。しかし、富士登山をしてとても苦しかったが、忍耐力の養成になったし、根気もついたと感じた。

問5

> 　私の長所は明るさと根気強さだ。でも（反面）、すぐにおこってしまうので、この性格を直したいと思う。しかし、なかなか直らないので、仲間から嫌われないかと心配している。

1. 2. 原稿用紙の使い方・推敲（実践★）

問1　次頁の論作文を以下の観点から推敲し、訂正箇所を書き出しなさい。

　　　①題名・氏名　　②書き出し・改行　　③句読点・符号　　④会話　　⑤引用

　　　⑥段落の改行　　⑦文と文とのつながり　　⑧文法的なまちがい

　　　⑨文体の統一　　⑩漢字・かなづかい・送り仮名の使い方

①

②

③

④

⑤

⑥

⑦

⑧

⑨

⑩

思いやる力

山川　春美

「思いやる力」は、人が社会の中で周りと繋がり合いよりよく生きるために必要な力である。人の内側にある考えや思いは、言葉に代え行動に移さなければ相手には伝わる。子供たちにとって、行動に移すことはとても勇気のいることです。私は教員として、子供たちが勇気を出すために自分を自信に持ち自己肯定感を高めることが必要であると考える。以上、そのための具体的な取組を述る。

一つ目は、「いいところ見つけ」です。帰りの会や連絡帳を用いて、子供のいいところを伝える活動をする。友達や先生から認められる経験は、自己有用感を高め、友達やくらすのために積極的に行動することに繋がる。しかし、連絡帳を通して保護者が子供の学校生活の中でのがんばりや良い行いを知ることが、保護者の安心感に繋がり子供のさらなる自己成長の意欲を生む。教員が子供たちの良さ

を具体的に伝え知らせることが、子供たち同士の認め合いにも繋がり、子供たちの自己肯定感を高めることになる。

一期一会という言葉がある。自己肯定感をもつことは、自分や友達、周りの人を認めることに繋がる。教科での学習や様々な生活体験を生かし、よりよく生きるために行動できる力を身に付けさせたい。子供たちが、思いやりとはどのようなものかに気付き、社会との関わりの中で、純粋に人を助けたいと思う心を育むために、自己肯定感を高め、周りの人を尊重できる活動を実践していく。私は教師として、一人一人と向き合い、児童理解に勤めていく覚悟である。

問1

① 題名　思いやる力　を2～3マス空けて書く。

氏名　山川春美　の姓・名の間および行末を1マス空くようにして書く。

② 第1文「思いやる力」は、1行空けて、最初の1マスを空けて書き出す。

一つ目は　一期一会　は、段落が変わっているので、最初の1マスを空けて書く。

③ 1枚目　19行目　知ることが、保護者　の読点を行頭に書かないで、がと同じマスに入れて書く。

④ （該当なし）

⑤ 一期一会は、「　」をつけて、「一期一会」と書く。

⑥ （該当なし）

⑦ 1枚目6行目　伝わる　は、意味の上から　「伝わらない」とする。　1枚目10行目　以上→以下　1枚目16行目からの、しかし　は、逆接。この文の続きは、順接なので、「さらに」「また」にかえる。　2枚目1行目　伝え知らせる＝意味の重なり→伝える

⑧ 1枚目9行目　自分を自信に→自分に自信を　2枚目5行目の　自分や友達、周りの人は、文意から、「自分、友達や周りの人」と表記する。

⑨ 1枚目8行目および12行目の　です。　は、常体表現で統一し、「である。」とする。

⑩言葉に代え→言葉に換え（1枚目5行目）　述る→述べる（1枚目11行目）　くらす→クラス（1枚目15行目）　教師→教員（2枚目12行目）　勤め→努め（2枚目13行目）

2．1．表記のしかた（基礎★）

問1　次の文の表記の誤りを訂正し、正しい表現に直しなさい。

①わたしわ映画お見に名古屋え行きました。

(　　　　　　　　　　　　　　　　　　　　　　　　　　)

②きのお、おとおさんにとけえを買ってもらいました。

(　　　　　　　　　　　　　　　　　　　　　　　　　　)

③秋がまじかに迫り、みかずきが美しい夜がつずいています。

(　　　　　　　　　　　　　　　　　　　　　　　　　　)

④にゅがくの日のことは、えいきゅに忘れません。

(　　　　　　　　　　　　　　　　　　　　　　　　　　)

⑤「コウヒイが好き」と、よく母はゆうことがあります。

(　　　　　　　　　　　　　　　　　　　　　　　　　　)

⑥危ないそんなことして。

(　　　　　　　　　　　　　　　　　　　　　　　　　　)

⑦民主々義、布団は、何と読みますか。

(　　　　　　　　　　　　　　　　　　　　　　　　　　)

⑧新聞テレビラジオ映画でもよく顔を見ます。

(　　　　　　　　　　　　　　　　　　　　　　　　　　)

⑨「転ばぬ先の杖とはこのことだ。」と思った。

(　　　　　　　　　　　　　　　　　　　　　　　　　　)

⑩2019 年平成 31 年のことであった。

(　　　　　　　　　　　　　　　　　　　　　　　　　　)

⑪「わたしは」彼女は言葉を続けることができませんでした。

(　　　　　　　　　　　　　　　　　　　　　　　　　　)

⑫母は、広島へ大阪へ京都へ旅行します。

(　　　　　　　　　　　　　　　　　　　　　　　　　　)

⑬マルコポーロは冒険家が有名です。

(　　　　　　　　　　　　　　　　　　　　　　　　　　)

⑭「もうやめろ？」と私は行った。

(　　　　　　　　　　　　　　　　　　　　　　　　　　)

⑮雪が降るわ風も吹くはで大変でした。

(　　　　　　　　　　　　　　　　　　　　　　　　　　)

問1　①わたしは映画を見に名古屋へ行きました。

②きのう、おとうさんにとけいを買ってもらいました。

③秋がまぢかに迫り、みかづきが美しい夜がつづいています。

④にゅうがくの日のことは、えいきゅうに忘れません。

⑤「コーヒーが好き」と、よく母はいうことがあります。

⑥危ない、そんなことして。

⑦「民主主義」、「布団」は、何と読みますか。

⑧新聞・テレビ・ラジオ・映画でもよく顔を見ます。

⑨「『転ばぬ先の杖』とはこのことだ。」と思った。

⑩2019年——平成31年——のことであった。

⑪「わたしは……」彼女は言葉を続けることができませんでした。

⑫母は、広島、大阪や京都へ旅行します。

⑬マルコ＝ポーロは冒険家として有名です。

⑭「もうやめろ！」と私は言った。

⑮雪も（が）降るわ風も吹くわで大変でした。

Tea Break：こんな勉強方法も…

【その他】適した時間に勉強する

例えば、午前中には思考力が高まりやすく、論作文を書いたり数学の問題を解いたりするのに適しているそうです。一方、暗記は寝る直前におこなうと良いと言われます。個人差がありますので、自分なりの一日のスケジュールを立ててみてください。

なお、授業で習った内容は、授業直後に見直すと記憶が定着しやすいそうです。テスト前にまとめて覚え直すより効率的ですね。

問2　次の文の表現の誤りを訂正しなさい。
　　①私の将来の夢は、保育士になりたいと思っています。
　　　（　　　　　　　　　　　　　　　　　　　　　　　　）
　　②彼女の言うことは全然間違っていた。
　　　（　　　　　　　　　　　　　　　　　　　　　　　　）
　　③わたしはあなたの考えが無気味に感じられた。
　　　（　　　　　　　　　　　　　　　　　　　　　　　　）
　　④約束の時間に着いたが、もう出発したあとだと言った。
　　　（　　　　　　　　　　　　　　　　　　　　　　　　）
　　⑤私が部屋に入って、彼女が微笑んだ。
　　　（　　　　　　　　　　　　　　　　　　　　　　　　）
　　⑥勉強するのが忙しくて遊びどころではない。
　　　（　　　　　　　　　　　　　　　　　　　　　　　　）
　　⑦小学生の頃、彼女が先生になりたいと考えるのを笑ってはいけない。
　　　（　　　　　　　　　　　　　　　　　　　　　　　　）
　　⑧彼女は歌いながら逃げる妹を追いかけた。
　　　（　　　　　　　　　　　　　　　　　　　　　　　　）
　　⑨「その通りです」と先生はおっしゃられた。
　　　（　　　　　　　　　　　　　　　　　　　　　　　　）
　　⑩私の顔を見るたびに「遊ぼう」といつも言う。
　　　（　　　　　　　　　　　　　　　　　　　　　　　　）

問3　効果的な表現について説明した次の文の表現技法を何というか答えなさい。
　　①人間以外のものを人格化し、人間にたとえる方法。（　　　　　　　　　）
　　②音や声を言葉に写したり、状態の感じを言葉に表したりしたもの。（　　　　　　）
　　③文の成分の位置を変える方法。（　　　　　　　）
　　④大げさな表現法。（　　　　　　）
　　⑤深い感動を表現する方法。（　　　　　　）
　　⑥同じ語句を何度も繰り返すもの。（　　　　　　　）
　　⑦反対の意味の語を並べて述べる方法。（　　　　　　　）
　　⑧一対になっている語句を用い、対照的に表現する方法。（　　　　　　　）
　　⑨過去や未来のことを目前に見ているように表現する方法。（　　　　　　）
　　⑩むだな部分を省略して、読み手の想像に任せる方法。（　　　　　　）
　　⑪有名な言葉などを引用する方法。（　　　　　　）

問2　①私の将来の夢は、保育士になりたいということです。

　　　　私は、将来、保育士になりたいという夢を持っています。

　　　②彼女の言うことは全然間違っていない。彼女の言うことは完全に間違っている。

　　　③わたしは、あなたの考えが（を）無気味に感じた。

　　　　わたしには、あなたの考えが無気味に感じられた。

　　　④約束の時間に着いたが、もう出発したあとだと言われた。

　　　⑤私が部屋に入ると、彼女が微笑んだ。

　　　⑥勉強するのに忙しくて、遊びどころではない。

　　　⑦小学生の頃、彼女が先生になりたいと考えたことを、笑ってはいけない。

　　　⑧彼女は歌いながら、逃げる妹を追いかけた。

　　　　彼女は、歌いながら逃げる妹を追いかけた。

　　　⑨「その通りです」と先生はおっしゃった。

　　　⑩私の顔を見るたびに、「遊ぼう」と言う。

問3　①擬人法　　②擬態法　　③倒置法　　④誇張法　　⑤詠嘆法

　　　⑥反復法　　⑦対照法　　⑧対句法　　⑨現在法　　⑩省略法　　⑪引用法

Tea Break：やる気がでないなと思ったら…

あえて追いこむ

「まぁいっか、明日で」と思っていませんか？それが続いたらどうなるでしょう…。「あれ、気づいたら1週間、何もやってない」なんてことになるのです。そのままいくとどうなるでしょう。「あれ、今からやっても間に合わない！」なんてことになるのです。恐ろしいですね…。追いこまれるとやる気がでるタイプの人は、あえて追いこみましょう。ほら、カレンダーを見てください。

　　　　　　　　　　　　　　➤　　合言葉：いつやるの？

2.2.　表記のしかた（実践★★）

問1　表記に注意して、次から好きなテーマを選んで、200文字の論作文を書きましょう。
　　　巻末の原稿用紙を使用しましょう。

---

①　私の長所　　②私の夢　　③私の宝物　　④私の好きなことば　　⑤私らしさ

---

①書き終わったら、次の観点で自己評価しましょう。
　　　ア、原稿用紙の使い方は正しいか
　　　イ、表記は正しいか
　　　ウ、文法的に正しいか
　　　エ、段落の構成はきちんとしているか
　　　オ、テーマに合っているか

②自己評価後、友達と交換して互いに評価し合いましょう。

観　点	自己評価	友達の評価
原稿用紙の使い方		
表記		
文法		
段落構成		
テーマ		

第3節　教育論作文を書こう

3．1．教育論作文を書こう（基礎★）

問1　よい論作文と悪い論作文の比較評価表です。（　　　　　）の中に入る適切な語句を答えなさい。

観点	よい論作文	悪い論作文
課題の把握	・テーマを（　　　　）把握して具体策を考えている。 ・テーマの社会的背景を正しく理解して述べている。	・テーマの理解が不十分で（　　　　）が対応していない。 ・（　　　　　　　）に触れていない。または十分理解していない。
論理的な構成	・全体が論理的に構成されており（　　　　）が明確である。 ・きちんと内容に応じた段落分けがなされている。	・（　　　　　　）や飛躍などがあり、（　　　　）が明確でない。 ・内容に応じた（　　　　　　）がなされていない。
人物・個性	・自分の独自の考えをきちんと打ち出している。 ・自分の経験などに基づく（　　　　　）な意見を述べている。	・一般論を述べているだけで、（　　　　　）の考えがない。 ・教育に関する（　　　　　）や情報の羅列に終始している。
実践的指導力	・課題解決の取組が具体的に述べられている。 ・取組の内容が（　　　　　）でその効果が期待できる。	・課題解決の取組が抽象的、一般的で（　　　　）に欠けている。 ・取組の内容が（　　　　）や（　　　　）の実態に即していない。

問2　文章構成の型を説明した次の表と文章の空欄に入る適当な言葉を答えなさい。

①長い文章で説明をするときは、文章全体の（　　　　　　）を考える必要がある。

②文章の構成の型としては次のものがある。

【三段型】

序論	（　　　　　　　　　）、論旨の提示
本論	分析や検討の（　　　　　　　）、理由や（　　　　　　）
結論	導き出された見解、（　　　　　）の再提示、（　　　　　）として

③文章構成の基本型で、「序・破・急」「導入・展開・まとめ」「（　　　　　　）・なか・（　　　　　）」ともいう。

解答

問1　正しく（正確に）　　具体策　　社会的背景　／　論旨　繰り返し　論旨　段落分け
　　　個性的　　独自　知識　／　　実践的　具体性　児童　生徒

問2　①構成　　②問題提起、説明、具体例、論旨、教員　　③はじめ、おわり

問3　次から好きなテーマを選び、三段型 400 字の論作文を書こう。
　　　巻末の原稿用紙を使用しましょう。

保護者の信頼を得る上で大切なことは何か　　　今まで一番頑張ったことは何か

自分の弱みは　　　自分の強みは　　　あなたにとって友達とは

保護者支援について考えること　　　地元の祭りについて　　　自己PR

私がめざす理想の保育士　　　私の考える「生きる力」　　　子育てについて

公務員に必要な資質について　　　私のセールスポイント

最近の気になるニュースから　　　私の長所・短所　　　私の座右の銘

今子どもたちに伝えたいこと　　　褒めることと叱ること　　　家庭のしつけ

教えるということ　　　理想の教師像　　　ボランティア活動について

今の子供たちに欠けているものは　　　ストレス解消法について

解答

問3　序論・本論・結論の構成がきちんとできているかチェックしよう。

序　　論	本　　論	結　　論

評価表を基に、友達と相互評価をしよう。

	自己評価	他者評価
課題の把握		
論理的な構成		
人物・個性		
実践的な指導力		

3．2．教育論作文を書こう（実践★★）

問1　次から好きなテーマを選び、800 字の論作文を書こう。
　　　巻末の原稿用紙を使用しましょう。

「厳しさ」と「優しさ」　　保護者との信頼関係　　　いじめをなくすには 幼稚園・保育園・子ども園・小学校の連携　　　軽度発達障害児の指導 きまりを守ることの指導　　　キャリア教育の推進　　　頼もしい先生とは ボランティア活動の意義　　　読書活動の必要性　　　最近のニュースから 減災教育について　　　郷土学習をどう進めるか　　　オリパラ教育について

問2　次から好きなテーマを選び、800 字の論作文を書こう。
　　　巻末の原稿用紙を使用しましょう。

人権　　心　　少子化　　夢　　響　　ことば　　遊び　　時間 ふるさと　　仲間　　未来　　約束　　公共の精神　　ルール 部活動　　日記　　家族　　趣味　　長所と短所　　教育・保育実習 手遊び　　読み聞かせ　　ペープサート　　保育　　教育　　SNS 自然　　国際交流　　外国語活動　　道徳と道徳教育　　歌声 少子高齢化　　季節のにおい　　早寝早起き朝ごはん　　PTA 活動

解答

評価表を基に、自己評価・相互評価をしよう。

	自己評価	他者評価
課題の把握		
論理的な構成		
人物・個性		
実践的な指導力		

問3　次の文章を読んで、あなたは何が問題だと考えるか。また、それを踏まえて、あなたは
　　どのような保育者・教師になりたいと考えるか。800字以内で述べよ。
　　巻末の原稿用紙を使用しましょう。

> 　私の教え子の多くは中学・高校の先生になっていますが、彼等もまた、生徒の幼稚
> 化を日々感じているそうです。たとえば「先生見て見て、私を見て」などとアピール
> してくる生徒が多い。いいことをして「見て」と顕示する場合もありますが、わざと
> 悪いことをするときもある。要するに叱ってもらいたい、かまってもらいたい、認め
> てもらいたいと思っているわけです。高校生にもなって先生にそういうメッセージを
> 送ってくるということは、いささか驚かされます。
>
> 　　　　　　　　　　　　　　　　　　（齋藤孝著『なぜ日本人は学ばなくなったのか』）

解答

問3　以下の点に注意して、評価表を基に、自己評価しよう。

　①文章から、何が問題であるのか、捉えられているか。

　　成長しても自立につながる自分を肯定する感覚がもてず、

　　他者の目を過剰に意識し、

　　他者の承認によってしか自分を支えられないことに問題がある。

　②その問題意識を踏まえた目ざす保育者像・教師像が述べられているか。

　　自己肯定感の育成

　　自分を自分で励ますことのできる子供の育成

　　他者との関わりの中での成長

　　家庭・地域との協力

	自己評価	他者評価
課題の把握		
論理的な構成		
人物・個性		
実践的な指導力		

問4　次の詩を読んで、この筆者の考えをあなたはどうとらえるか。また、それを踏まえて、
　　　あなたはどのような保育者・教師になりたいと考えるか。800字以内で述べよ。
　　　巻末の原稿用紙を使用しましょう。

　　　―あなたの（こころ）はどんな形ですか
　　　と　ひとに聞かれても答えようがない
　　　自分にも他人にも（こころ）は見えない
　　　けれど　ほんとうに見えないのであろうか

　　　確かに（こころ）はだれにも見えない
　　　けれど（こころづかい）は見えるのだ
　　　それは　人に対する積極的な行為だから

　　　同じように胸の中の＜思い＞は見えない
　　　けれど＜思いやり＞はだれにでも見える
　　　それも人に対する積極的な行為なのだから

　　　　　　　　　　　　　　　　（宮澤章二著『行為の意味』）

解答

問4　以下の点に注意して、評価表を基に、自己評価しよう。

　①筆者の考えについて自分がどう思うか記述できているか。

　　＜こころ＞や＜思い＞は、＜こころづかい＞や＜思いやり＞といった人に対する「積極的な行為」に
　　なれば目に見える。

　②それを踏まえて自分がどのような保育者・教員になりたいと考えているのかを記述できているか。

　　温かな社会、　豊かな人間関係、　保育者・教員の子供たちに対する積極的な行為、　自分の思いを
　　他者に伝えることの大切さ

	自己評価	他者評価
課題の把握		
論理的な構成		
人物・個性		
実践的な指導		

問5　次の文章を読んで、あなたは何が問題だと考えるか。また、それを踏まえて、あなたは
　　　どのような保育者・教師になりたいと考えるか。800字以内で述べよ。
　　　巻末の原稿用紙を使用しましょう。

> 　　中学1年生のA子が、突然、丸刈りで登校して、周囲を驚かせた。しかし、周囲の
> 騒ぎをよそに本人は、覚悟を決めた者のみが持つ、ふっきれた表情を浮かべていた。
> 　　A子は天然パーマがかかった髪型で、最も仲良しの友達に"きのこ頭"とか"毒き
> のこ"とか、からかわれて傷ついていた。何度か「いやだ！」「言わないで！」と勇
> 気を出して伝えようとするのだが、相手の反応が怖くて言葉にすることができない。
> 勉強もスポーツもできて、周囲の信頼も厚い、その友達を失うことが怖かったからだ。
> 　　追い詰められたA子は決断した。「言葉で伝えられないなら、行動で示すしかな
> い。」その行動とは"きのこ"とからかわれた自分の髪型を変えることだった。
>
> 　　　　　　　　　　　　　　　（森薫著『親と子どもがともに育つ共育力』一部改）

解答

問5　以下の点に注意して、評価表を基に、自己評価しよう。

①何が問題だと考えるか。

　教師や仲間、親たちがA子の傷ついた心を察知できなかった点

　A子が丸刈りという手段しかとれなかったこと

②それを踏まえて、自分がどんな保育者・教員になろうと考えているのか。

　児童理解　　柔軟さ　　子供とのコミュニケーション　　保護者との連携

　学級活動　　道徳心　　学校行事　　グループ活動（給食・清掃・学習）

　仲間づくり　　個別懇談

	自己評価	他者評価
課題の把握		
論理的な構成		
人物・個性		
実践的な指導		

【参考書】

	参考書	チャレンジした年月日
1	資格試験研究会編（2019）『教員採用試験〜差がつく論文の書き方＜2020年度版＞』実務教育出版	
2	教員採用試験情報研究会編（2019）『教育論文の書き方』一ツ橋書店	
3	沖山吉和著（2020）『教育論作文』一ツ橋書店	
4	協同教育研究会編（2020）『愛知県の論作文・面接・過去問』協同出版	
5	保育士試験研究会編（2020）『保育士・幼稚園教諭　論作文・面接対策ブック』実務教育出版	

【コラム】論作文とは

＜論作文とは＞
　論拠を示しながら自分の考えを明確にすることが大切である。感想ではなく、自分の考えを、根拠を示しながら論述する必要がある。

＜何を評価するのか＞
①人間性、性格を評価する
　指導者としての積極性、責任のある行為・行動の有無が評価され、保育者・教員としての規範を判断しようとするものである。
②能力、知識力を評価する
　保育者・教員としての能力・指導力を評価し、個々の素質について評価・判断しようとするものである。

＜論作文の出題類型＞
①教育実践型論作文＝日常の学習活動や園・学校教育活動中におけるいろいろな課題について問うものである。
　　「落ち着きのない子供の指導について具体的に述べよ。」
②教育課題型論作文＝園・学校教育において課題とされているものについて問うものである。
　　「家庭や地域とどう向き合うかについて述べよ。」
③一般論作文＝社会生活上の諸問題について問うものである。
　　「少子化と高齢化について述べよ。」

執筆者一覧（掲載順）

第1部　第1～3章・Tea Break
　　　　　　　　　市村由貴　（名古屋女子大学文学部児童教育学科　講師）
　　　　　　　　　門松　愛　（名古屋女子大学文学部児童教育学科　講師）
第2部　第1章　桝川　知　（名古屋女子大学文学部児童教育学科　准教授）
　　　　第2章　宮原　悟　（名古屋女子大学文学部児童教育学科　教授）
　　　　第3章　山本　忠　（名古屋女子大学文学部児童教育学科　准教授）
　　　　第4章　小椋郁夫　（名古屋女子大学文学部児童教育学科　教授）
　　　　　　　　高橋哲也　（名古屋女子大学文学部児童教育学科　教授）
　　　　　　　　吉川直志　（名古屋女子大学文学部児童教育学科　准教授）
　　　　第5章　羽澄直子　（名古屋女子大学文学部児童教育学科　教授）
　　　　　　　　服部幹雄　（名古屋女子大学文学部児童教育学科　教授）
　　　　第6章　桝川　知　（名古屋女子大学文学部児童教育学科　准教授）

保育者・教育者を目指す学生のための自習ガイドブック　第2版

2020年5月7日　　初版発行

名古屋女子大学文学部児童教育学科　編

定価(本体価格1,000円+税)

発行所　　株式会社　三惠社
〒462-0056 愛知県名古屋市北区中丸町2-24-1
TEL 052 (915) 5211
FAX 052 (915) 5019
URL http://www.sankeisha.com

ISBN978-4-86693-245-3 C3037 ¥1000E